3岁对了，
孩子一生就对了

把握孩子成长的黄金关键期

陈荣赋◎著

台海出版社

图书在版编目（CIP）数据

3岁对了，孩子一生就对了 / 陈荣赋著. -- 北京：

台海出版社, 2017.12

ISBN 978-7-5168-1662-2

Ⅰ.①3… Ⅱ.①陈… Ⅲ.①儿童教育—早期教育

Ⅳ.①G61

中国版本图书馆CIP数据核字（2017）第284136号

3岁对了，孩子一生就对了

著　　者：陈荣赋

责任编辑：王　萍　　　　　　　　装帧设计：MM末末美书
版式设计：张丽娜　　　　　　　　责任印制：蔡　旭

出版发行：台海出版社

地　　址：北京市东城区景山东街20号　邮政编码：100009

电　　话：010—64041652（发行，邮购）

传　　真：010—84045799（总编室）

网　　址：www.taimeng.org.cn/thcbs/default.htm

E － mail：thcbs@126.com

经　　销：全国各地新华书店

印　　刷：天津嘉杰印务有限公司

本书如有破损、缺页、装订错误，请与本社联系调换

开　　本：150×210　1/32

字　　数：120千字　　　　　　　　印　张：7

版　　次：2018年2月第1版　　　　印　次：2018年2月第1次印刷

书　　号：ISBN 978-7-5168-1662-2

定　　价：26.80元

3岁，是孩子成长历程中的第一个关键期。

3岁的孩子在身体和智力发育方面表现出了明显特征。孩子已经能较为熟练地走路，开始用较复杂的句子与成人交流，而且能够用大脑思考问题，对周围的事物能够表达自己的看法。3岁孩子的大脑已发育成为成人的80%，科学家通过研究指出，如果把人在17岁时测得的智商定为100%，那么其中50%在3岁前发育完成。3岁是幼儿感知觉、记忆、思维、学习、绘画、歌唱多方面能力及个性发展形成的关键期。

3岁，也是孩子人生中的第一个动荡期。

这时的孩子心理、性格都很不成熟，他们胆小、害羞、怕见生人、缺少自信，情绪极不稳定，喜怒无常，爱发脾气，而且不爱听话，喜欢和大人"对着干"。这种不良性格如果不能得到及时的引导和纠正，就会给孩子今后的成长埋下隐患，孩子会因此走弯路，甚至误入歧途。父母在对孩子进行早期教育时，抓住3岁这一关键期十分重要。

中国有句俗语："3岁看大。"意思是说，从孩子3岁时候的脾气禀性，可以预测他成年时的心理、行为表现，甚至可以预测他一生的状况。3岁的孩子正处于生长发育的关键阶段，这一阶段形成的性格以及学到的知识和技能，会对孩子将来的学习、事业、婚姻、家庭等方面造成重大影响。所以，在3岁左右，父母要注意孩子性格发展中可能出现的各种问题，并采取积极措施，培养孩子良好的品性，并注重通过各种方式开发孩子的智能，提升孩子交往、学习、思考、艺术等各方面的能力，给孩子未来的成功奠定坚实的基础。

哈佛大学心理学教授塞德兹认为："人如同陶瓷器一样，小时候就形成一生的雏形。幼儿时期就好比制造陶瓷器的黏土，给予什么样的教育就会成为什么样的雏形。"孩子出生后接触的第一个社会是家庭，而父母则是孩子的第一任启蒙老师。"天才常由父母一手造就。"这句话虽然说得绝对了点，但说明了父母对孩子的成长具有不可替代的重要作用，父母的早期教育理念、教育方式可以影响孩子的一生。

　　本书针对3岁这一特定年龄孩子的生长发育特征，从心理、情绪、交际、说话、学习、绘画、音乐、智能、体能等各方面，深入探讨了3岁孩子的内心和个性世界，对孩子的早期教育了进行细致的梳理和总结，为父母提供了有效的育儿参考方案和指南。全书在讲述育儿方法的同时，引入大量的情景案例，帮助父母在轻松愉快的氛围中与孩子进行沟通交流，开发孩子的智力，提升孩子的技能，培养孩子的品格，从而达到理想的育儿效果。

　　把握3岁关键期，引导孩子走好漫长人生的关键第一步。3岁对了，孩子的一生就对了！

目录

Part 1　3岁看大，3岁关键期决定孩子一生

3岁是孩子生命的第一个里程碑 / 003

3岁孩子的生长发育标准 / 004

3岁孩子的智力发育特征 / 005

"3岁看人"的科学依据 / 007

3岁是孩子智能开发的关键期 / 008

3岁是孩子学习的关键期 / 009

3岁是孩子语言训练的关键期 / 010

3岁是孩子性格形成的关键期 / 012

3岁孩子的本事比过去大得多 / 014

3岁关键期教育决定孩子的一生 / 015

Part 2　3岁，孩子脸"一日十八变"

——如何引导孩子调节情绪

3岁的孩子脸多变 / 021

孩子又哭又闹怎么办 / 022

为什么孩子会越哄越哭 / 023

孩子咬人正常吗 / 024

教孩子认识外显的情绪 / 026

教孩子认识内隐的情绪 / 027

教孩子识别各种表情脸谱 / 028

孩子生气了，父母怎么办 / 029

3招平息孩子的怒气 / 031

对症"治疗"孩子小脾气 / 032

孩子有情绪也需要宣泄 / 034

孩子自控力，父母教最好 / 035

Part 3　3岁，孩子喜欢对着干

——如何引导孩子判断是非

3岁是孩子的第一"反抗期" / 039

孩子"反抗"为哪般 / 040

帮助孩子认识自己 / 041

引导孩子学会评价自己 / 042

孩子有玩具，为何还要抢别人的 / 044

孩子爱听好话怎么办 / 046

孩子爱顶嘴怎么办 / 047

孩子爱捣乱怎么办 / 049

让"不听话"的孩子"听话" / 050

不要纵容孩子的任性 / 051

不能无原则地迁就孩子 / 052

先赞扬优点，再批评缺点 / 054

给孩子说"不"的权利 / 055

特别"狠心"特别爱 / 056

Part 4 3岁，孩子想自己来
——如何启发养成孩子独立意识

3岁孩子的"独立"特质 / 061

帮助孩子认识自己 / 062

让孩子认识自己的身体 / 064

做好孩子的成长记录 / 065

帮助孩子克服分离焦虑 / 066

孩子要独立，父母先独立 / 068

"小鬼"当家：让孩子来做主 / 069

让孩子自己做选择和决定 / 070

培养孩子的自立能力 / 072

培养孩子的自理能力 / 073

陪孩子劳动，但不要为孩子代劳 / 075

鼓励孩子为父母做点家务 / 076

放手让孩子学习生活技能 / 077

Part 5 3岁，孩子渴望与人对话
——如何培养孩子的表达能力

3岁孩子能认字吗 / 081

孩子识字从何时开始 / 082

聪明的孩子会有语言问题吗 / 083

幼儿语音教育宜早不宜迟 / 085

带孩子走走看看、听听说说 / 087

再忙也要陪孩子聊聊天 / 088

怎样与孩子进行有效的交谈 / 089

给孩子讲讲故事 / 090

故事范例：慢慢长大的小蘑菇 / 091

跟孩子一起读儿歌和古诗 / 092

与孩子一起做语言游戏 / 094

亲子共读，手把手教孩子学语言 / 096

让孩子在交往中练习说话 / 098

Part 6 3岁，孩子期望有个好玩伴
——如何鼓励孩子交往发展朋友

玩具能代替同伴吗 / 101

孩子害怕陌生人怎么办 / 102

培养孩子主动交往的态度 / 103

鼓励孩子认识新朋友 / 104

引导孩子学会介绍自己 / 106

为孩子创造与人接触的机会 / 107

让孩子和小伙伴一起玩游戏 / 108

孩子只顾自己玩怎么办 / 109

鼓励孩子邀请小朋友到家做客 / 110

孩子选择玩伴，父母不能包办 / 111

教孩子学会与人交往的礼貌 / 112

启发孩子学会关心他人 / 113

教孩子学习人际协商技能 / 115

培养孩子与人合作的能力 / 116

培养孩子解决人际冲突 / 117

Part 7　3岁，孩子爱用脑"看"世界

——如何开发孩子的大脑智能

3岁孩子大脑装满好奇心 / 121

教会孩子认识"多"和"少" / 122

让孩子体会"大"和"小" / 123

让孩子比较"长"和"短" / 125

让孩子理解"上""下""中" / 126

让孩子认识"里"和"外" / 127

让孩子理解"前后""左右" / 128

让孩子认识"球" / 129

让孩子背记数字 / 130

让孩子学习简单的计算 / 132

让孩子学着推理 / 133

让孩子学习排序 / 134

锻炼孩子的视觉能力 / 135

培养孩子的视觉判断能力 / 136

堆积木，激发孩子的空间想象力 / 137

和孩子一起做泥塑游戏 / 138

走迷宫，培养孩子的观察分析能力 / 139

看电视，开发孩子的智力 / 140

生活即教育，让孩子感受大自然 / 142

Part 8　3岁，孩子爱涂鸦爱听歌
——如何发掘孩子的艺术细胞

教孩子欣赏绘画作品 / 147

让孩子随意写写画画 / 148

孩子画得不好不要泼冷水 / 149

陪孩子欣赏音乐名作 / 150

培养孩子的节奏感 / 152

陪孩子做音乐游戏 / 153

陪孩子哼唱儿歌、吟诵诗歌 / 154

教孩子学习基本的音符 / 156

锻炼孩子的音乐听力 / 158

带孩子聆听大自然的声音 / 159

陪伴孩子练习演奏乐器 / 160

把孩子培养成小歌唱家 / 162

教孩子学习简单的舞蹈动作 / 164

让孩子在音乐中翩翩起舞 / 165

Part 9　3岁，小顽童活泼好动爱捣蛋

——如何训练孩子体能和行动力

玩具是孩子动作发展的好伙伴 / 169

陪孩子练习走路 / 170

陪孩子练习跑步 / 171

锻炼孩子的弹跳能力 / 172

锻炼孩子的攀爬能力 / 173

培养孩子钻的能力 / 174

锻炼孩子手腕的力量 / 175

培养一个心灵手巧的孩子 / 176

锻炼孩子上臂的力量和灵活性 / 178

锻炼孩子的腿部力量 / 179

和孩子一起做扔沙包游戏 / 180

孩子走花坛边好处多 / 181

锻炼孩子的身体协调能力 / 182

Part 10　3岁，"小大人"初长成

——如何奠定孩子个性的纯正根基

培养孩子的责任心 / 187

培养孩子的爱心 / 188

引导孩子学会尊重别人 / 190

在游戏中让孩子学会分享 / 191

训练孩子的竞争意识 / 192

鼓励孩子勇于自我批评 / 193

告诉孩子：你真棒！ / 194

教孩子养成专心做事的品质 / 195

教孩子养成有始有终的习惯 / 197

在孩子心灵种下诚实的种子 / 198

教孩子养成勤俭节约的美德 / 200

教孩子爱护自然的一草一木 / 202

言传身教，做孩子的引路人 / 204

为孩子营造温暖的成长环境 / 205

后记　3岁，慢养给孩子一个好未来 / 207

Part 1

3岁看大，3岁关键期决定孩子一生

3 岁是孩子生命的第一个里程碑

迄今为止在心理学领域产生最大影响的奥地利著名心理学家弗洛伊德，把儿童个性发展划分为5个阶段：

1. 口唇期，0~1岁，吃奶和吸吮给儿童带来最大满足。

2. 肛门期，2~3岁，排泄给儿童带来最大快乐。

3. 性器期，3~6岁，这是一个激动不安的时期，性器是儿童快乐和满足的主要来源。男孩子出现恋母情结，因此极力模仿父亲，以父亲自居；女孩子出现恋父情结，开始想吸引异性的注意力。

4. 潜伏期，7~11岁，内部驱力投入到学校学习和大运动量游戏中去。

5. 生殖期，12岁以后，主要活动是建立友谊，谋求职业，求爱和结婚。

弗洛伊德认为3~6岁这个阶段是一个动荡不安的时期，不是没有道理的。孩子到3岁时，会突然发生很大变化，有些孩子变得非常不听话，固执，任性，有的孩子情绪突然变得很不稳定，在3~4岁的孩子中，男孩的恋母情结和女孩的恋父情结表现相当普遍。而在此之前，这些特征就不明显，在此之后，这些特征又慢慢消失了。

所以在心理学界，人们把3岁左右称为孩子生长发育的一个关键时期。

3岁孩子的生长发育标准

孩子正式步入3岁时，体形已经变得颀长，彻底告别了胖乎乎、大脑袋的小婴孩形象。现在灵活好动，小手发育也逐步完善，可以自己剪贴、系带。

3岁是孩子身体发育的第一个"高峰期"。与3岁前相比，3岁的孩子在身体特征上体现了一系列的变化。

3岁时男孩的身体特征：

身高（cm）：86.3~109.4，平均97.5。

体重（kg）：10.61~20.64，平均14.65。

头围（cm）：45.7~53.5，平均49.6。

3岁时女孩的身体特征：

身高（cm）：85.4~108.1，平均96.3。

体重（kg）：10.23~20.10，平均14.13。

头围（cm）：44.8-52.6，平均48.5。

几乎每个妈妈都有定期为孩子量身高的习惯，看着那条红色的身高线一点一点往上提升，随着时间一天天过去，怀里的小孩子一点点长高，慢慢长成少年、青年，每个妈妈的心里都充满喜悦。

那么，孩子是怎样长高的呢？

科学研究发现，婴幼儿时期、青春期，是人长高的两个高峰期。人从出生至成年体格的长成，其生长速度不是匀速的。出生至2岁时共长28厘米，其中在4个月以前、5~12个月、1~2岁这3个年龄段各完成1/3。2岁前营养对生长的影响远超过遗传因素，年龄越小越是如此。2岁后至青春期前，每年匀速长5~7厘米，直至青春期第2次加速。换言之，一个身高170厘米的成人，其身高1/3以上是在出生至2岁形成的。

所以说，3岁前如受到营养、疾病或药物等有害因素的影响，其对身高的损害将人人超过3岁后。

3岁孩子的智力发育特征

3岁的孩子是长身体长智力的关键时期，不仅在身体发育上出现了一些明显的变化，而且在智力发育上也表现出了明显的特征。具体来说，有如下几点：

1. 身体运动与控制：能双腿蹦，蹦时可以离开地面。

2. 探索与操作：孩子能够用积木搭出门的形状。

3. 语言：孩子喜欢问问题，例如：问"这是什么？""那是什么？"

4. 社会适应：孩子会自己刷牙了。

此时的孩子能绕开行进中的障碍物跑到你的跟前；当你站在孩子对面不少于1.8米远的地方时，他能把皮球比较准确地扔给你了。

孩子能正确地区分大小不同的东西；认识身体的各个部位，能区分性别；会用积木独立完成搭多层高塔，能用绳子将各式各样、大小各异的珠子串起来；还能独立地用勺子搅动杯中的液体。

这时的孩子能使用"我""我的"代替自己的名字，能够将自己的姓和名分开说；还能对一些日常动作进行命名；带孩子去一趟公园或超市，回来后孩子就能用自己的语言讲述这次简单的经历。

孩子能模仿大人随着音乐拍手、踏步、前进，也可以伴着音乐自由跳舞或做出有节律的动作；能和妈妈一起有韵律地说出他会的儿歌或歌谣；参加需要与其他孩子一起等待轮流进行的游戏时，能遵守轮流排队的规则；会主动向熟悉的人问声好。

3岁的孩子有丰富的想象力，但事实和虚构尚不能分清，孩子的好奇心这个阶段也会爆发，父母耐心解答孩子的十万个为什么，他们的认知能力就会飞速发展。

"3岁看大"的科学依据

科学研究表明，3岁前是一个人大脑发育的关键时期。一个人出生时大脑重量只有370克，到第一年年末时，婴儿脑重就已经接近成人脑重的60%；到第二年年末时，约为出生时的3倍，约占成人脑重的75%；而到了3岁时，婴儿脑重已接近成人脑重的范围，以后发育速度就开始变慢了。

1980年，英国伦敦精神病研究所教授卡斯比同伦敦国王学院的精神病学家们进行了一项试验观察，以考察3岁幼儿期在一个人的一生中究竟起到多大作用。

他们以当地1000名3岁幼儿为研究对象，经过一番调查分析后，将他们分为5种类型：充满自信型、良好适应型、沉默寡言型、自我约束型和坐立不安型。当到2003年这些3岁孩子都长成了26岁的成人时，卡斯比教授再次对他们进行了调查。他与他们进行了面谈，并且对他们的朋友和亲戚进行了走访。

调查结果显示，这些3岁幼童的言行竟然准确预示了他们成年后的性格。卡斯比教授对自己的试验结果进行了总结，于2005

年对外界发表了报告演说，报告在国际育儿学术界引起了强烈反响和轰动，为"3岁看大"的说法提供了强有力的科学证据。

孩子性格形成和智能开发、能力培养的关键期就在3岁之前，这个阶段的孩子跟随什么样的人，接受什么样的教育，就将会形成相应的性格。和其朝夕相处的成人所说的每一句话，所做的每一个动作都可能会深深地烙在他们的心灵深处。

由此可见，父母抓住3岁这一关键期对孩子进行细致耐心的培养和教育，才能赢得孩子未来的成功和胜利。

3岁是孩子智能开发的关键期

生命科学研究表明：人出生时人脑有1000亿个神经元，之后不再增加。刚出生时孩子的大脑共有50亿个突触；出生后第一年，突触数目会增加20倍；3岁时，大脑大小即已发育成为成人的80%；4岁时，脑的代谢达到高峰，脑逐渐成熟，对能量的利用也更有效。

3岁左右的孩子之所以活泼好动，是因为他们的大脑在不断获得信息，能量消耗比较大，需要的营养比成人要多，身体发育也同时加快。

美国科学家利用"正电子发射计算体层摄影"技术，对幼儿大脑的发育进行扫描观察，结果发现孩子在出生之后，由于视、听、触觉接受大量的信号刺激，脑神经细胞之间建立联系的速度远远超出了人们的想象。研究同时表明，3岁以后，大脑的复杂性和丰富性已经基本定形，并且停止了新的信息交流，这时大脑的结构就已经牢固成型。虽然这并不意味着大脑的发育过程已经完全停止，但就如同计算机一样，硬盘已经格式化完毕，就等待编程了。

因此，孩子小时候的生活经历将会极大地影响大脑神经细胞之间的联系程度。那些生活在温馨和睦的家庭里的孩子则会频繁地与周围的环境和人们进行交流，进而促进额叶前部的循环，这就增加了以后对精神疾病和其他疾病的抵抗力。相反，在一个充满忧虑和紧张气氛的家庭里长大的孩子处理问题的能力相对较差，而且很容易发脾气。

3岁左右的儿童脑部具有天才般的吸收能力。出生之后的最初几年是脑发育的关键时期，因此开发大脑潜能必须尽早。

3岁是孩子学习的关键期

3岁是孩子发育成长中的关键期，这一时期不仅是孩子智能开发的关键期，更是其学习的关键期。

所谓"关键期"，是指最易学会和掌握某种知识技能、行为动作的特定年龄时期。在关键期对孩子进行及时的教育和引导，孩子学起来容易，学得也快，能够收到事半功倍的效果，但如果错过关键期再去学，就要花费很多的精力和时间，事倍功半。

0~3岁是儿童大脑高速发展的时期，是儿童感知觉、记忆、思维、学习、绘画、歌唱多方面能力及个性发展形成的关键期。

那么，孩子学习的关键期是怎样的呢？科学研究发现：

出生后6个月，是婴儿学习咀嚼和吃干食物的关键期。

2~3岁是计数能力发展的关键期。

2~3岁是口头语言学习的第一个关键期，5岁左右是口头语言发展的第二个关键期。

2.5~3.5岁是教育孩子遵守行为规范的关键期。

3岁左右是培养孩子独立生活能力的关键期。

美国心理学家布鲁姆通过研究指出，如果把人在17岁时测得的智商定为100%，那么，其中50%在3岁前发育完成。因此，父母在对孩子进行早期教育时，抓住3岁前这一关键期十分重要。

3岁是孩子语言训练的关键期

3岁是人类心理发展的一个分水岭，也是孩子学习语言的关键期。

孩子到了3岁的时候，就会表达比较复杂的句子，甚至会使用不同时态和语态的动词或者连词，而且还会使用长句和分句了。在这个年龄段，孩子从无意识的状态过渡到有意识的状态，而且已经建立了他所在的生存群体和特定社会阶段所特有的心理结构和语言表达机制。

比利时心理学家通过观察发现，一个2岁半的儿童通常具有二三百的词汇量，但到6岁时他已经能够使用数千个单词了，而且这些词汇都是在没人教导的情况下孩子们自然吸收的。

美国心理学教授鲍·麦克默里认为，孩子学习说话的过程大多是父母注意不到的，正是在这些不被察觉的学习过程中日积月累，产生了令父母惊异的必然结果。

父母们有时会突然发现，自己蹒跚学步的孩子似乎一夜间词汇量有了迅猛增加。科学家认为，孩子学习语言不是慢慢地一字一句地学习，而是存在突然的"语言爆发期"现象。例如在2岁之前他们对语言的把握很模糊，但2岁之后突然某一天就能够很容易地掌握各种很复杂的表达技巧了。

一个牙牙学语的孩子，在生活中熟悉语言，在模仿中学习语言。在孩子1~3岁期间，他们自己能够学习多个词汇，且学习的中等难度词汇比简单词汇多。这就意味着父母无须为各种声称能提高孩子词汇量的"新发明"而花费时间和金钱。抓住这一时期，多跟孩子说话，多读书给孩子听，才是提升孩子语言能力的关键。

3岁是孩子性格形成的关键期

研究表明，7岁之前是孩子性格形成的关键时期，特别是孩子3岁左右的时候。孩子在3岁左右的时期是"潮湿的水泥"期，孩子85%~90%的性格、理想和生活方式都是在这一时期形成的，影响孩子今后生活的一些重要性格也在这一时期初见端倪。

每个父母都希望自己的孩子有良好的性格，成为快乐、自信和受欢迎的人，但是优秀的性格特质不会自动在孩子身上出现，需要父母的精心培养和长期努力。而孩子在长期的成长过程中，也可能会出现一些不良性格的征兆，对于这些征兆，父母要及时发现，并彻底根除。

如果孩子出现以下4个征兆，父母就要对孩子及时进行帮助和纠正。

1. 害羞

相信很多父母都有这样的经历：孩子在家的时候声音洪亮、手舞足蹈、能唱能跳，可是一到陌生环境里，立刻像变了一个人似的，完全失声了。而最令父母感到尴尬的是，当好心的长辈跟孩子打招呼或者逗孩子玩的时候，孩子突然蜷缩成一团，往父母的怀里钻。

害羞的孩子由于缺乏公众表现的机会，因而较少得到同伴的关注。害羞的孩子由于不爱争取，常常会失去很多机会。更重要的是，在这个激烈的竞争年代，害羞的孩子很有可能产生自卑心理，从而否定自我。

2. 脾气暴躁

脾气暴躁的孩子，当他不愿意做某件事情时，就会赖在地上，大哭大叫。当孩子发脾气的时候，很多父母会对孩子进行哄劝、呵斥、教训甚至打骂，但所有努力都尝试过后，父母会发现孩子依然蛮不讲理地在哭闹，或者父母当时花费力气和时间把孩子"安抚"或者"镇压"下了，过后这种事情还会一次次发生，弄得父母筋疲力尽。

3. 缺乏自信

很多孩子在这个年龄时往往缺乏自信，什么事都不敢干，表现得很退缩，这让父母感到很沮丧。尽管父母经常用各种表扬、鼓励的方式，孩子还是常常将"我不行""我不去""做不了"挂在嘴边。

4. 不合群

父母会发现，有些孩子可以很容易跟别人相处，和别人在一起玩得很融洽，似乎天生就是"社交高手"；而另一些孩子则是

"另类人物"，很容易与他人发生冲突，让同伴反感。这些孩子常常游离在人群之外，很难与别的孩子一起玩游戏。

身为父母，如果孩子出现以上现象，就要及时采取措施加以纠正了，否则就会对孩子性格的形成造成极为恶劣的影响。在3岁左右关键期内，加强对孩子性格的培养，能够起到事半功倍的效果，为奠定孩子一生的完美性格和社会竞争力打下坚实的基础。

3岁孩子的本事比过去大得多

3岁儿童的大脑发育虽然还没有完全成熟，但是已经相当好，他们的语言已经接近成熟，生活经验也积累了很多，认识能力有了巨大的进步。

特别是，3岁左右，小孩子可以完全脱离开大人的帮助自己走路，如果没有人干涉他，他可以走很远的路。所有这些发展都使得3岁左右的小孩产生了自我意识，他们开始意识到，"我"是和别人不一样的，"我"可以自己干事情，可以控制事物，可以独立地吃饭、拿取东西，也可以对事情做出基本的判断了。

例如，他们知道，刚从火炉上端下来的锅是碰不得的，到晚上天黑的时候，只要一拉开关，灯就能亮，他们如果渴了，能够自己到冰箱里寻找喝的东西，饿了，会从家里放食品的地方找出自己爱吃的东西充饥；晚上躺在床上，他们会要求妈妈给自己讲个故事再睡觉等等。

3 岁小孩也比过去更可爱，因为他们总是说出一些令大人喷饭的话，干出一些让大人惊奇的事情。一个小女孩，谁也没教她，她会自己静静地坐在妈妈的化妆台前，往嘴上涂口红；一个小男孩，会拿起爸爸的电动剃须刀，在脸上乱比画。当看见妈妈为什么事情伤心的时候，他们会紧紧抱住妈妈，想安慰她。

总而言之，3 岁小孩的本事变得比过去大得多，他们会不断地向爸爸妈妈提出各种要求。如果这些要求得不到满足，他们就会大哭大闹。比如，在玩具商店里，如果他们想要买一个自己喜欢的玩具而妈妈不买，他们就会躺在地上打滚，不顾妈妈丢面子。

3 岁小孩的身上，每天都在发生变化，每天都在进步，他们的知识经验，认识事物的能力，社会交往技能、语言、思维，一切都在向前进步。

3 岁关键期教育决定孩子的一生

从出生开始，婴儿的感知、动作和社会情绪等能力已经开始迅速发展。孩子这些方面的发展是很重要的，这为其以后的情绪、行为、语言和智力的发展奠定了坚实的基础。尤其是那些在特殊环境中成长的儿童，或天生具有某种倾向的儿童，早期的发展尤为重要。如果父母能够鉴别他们早期发展的类型，就能依此对孩子有效的教育和帮助，这些行之有效的措施对他们一生的发展都是十分重要的。

而当今比较认可的思想是应从七八岁开始对儿童进行教育，这种看法被广泛地认可。另外，也存在一些人认为早期教育对儿童的健康有损害，这一观点使孩子的父母陷入恐慌之中。

虽然儿童具有潜在的能力，但随着开发时间推迟，这种潜在的能力就会随之变少。也就是说，儿童天生具备的潜在能力，如果在早期就开始进行比较理想的教育，就有机会成为具备100%能力的成年人；如果教育从5岁开始的话，即使是较好的教育，也只能成为具备80%能力的成人；而如果教育从10岁开始的话，再好的教育，也只能使他达到不超过60%能力的成人。这说明，教育开始得越晚，儿童的潜能开发得越少。

儿童潜在的能力遵循的是递减法则。在教育孩子时，父母要努力杜绝这种递减是最重要的。因为出现递减就会使孩子应有的能力无法发挥出来，甚至能力会枯竭。因此家长抓住时机在早期就对孩子进行教育就能做到杜绝这种递减。人类的遗传因素已经为孩子提供了一个全面发展的机会，这个机会不是在小学，也不在中学、大学才出现，而是在学前时期就已经出现，特别是孩子3岁时。

从孩子出生到3岁之间是教育的最佳时间段。这一时期孩子的大脑接受事物的方法与以后相比存在较大差异。刚出生的婴儿还不能认出人的面孔，到三四个月或五六个月后，他们就能够将母亲和他人的面孔分辨开来，即知道了人们所说的"认生"。当然，这时婴儿的认生不是依靠人们的脸部特征来分辨的，而是在婴儿的不断重复观察中，将母亲的面孔以原样不变的模式储存在记忆里。

有句俗语说，"3岁看大"也就是说孩子在3岁时，决定基本性格的因素已经形成。如果我们对一个人仔细分析就能看到他三岁之前生活的环境和环境对他性格和素质形成的影响。所以，早期教育决定孩子的一生。

Part 2

3岁，孩子脸"一日十八变"

——如何引导孩子调节情绪

3岁的孩子脸多变

3岁年龄段的孩子情绪极易波动，极不稳定。这个时期的孩子情绪控制力发展差，心理和情绪调节功能不完善，当受到外界事物和情境刺激时，孩子的情绪就会出现爆发性，常从一端迅速发展到情绪的另一端。他们的情绪变化会毫不隐藏地表现出来，而且擅长用自己的身体语言来表达，如不高兴就哭，高兴、舒服就大笑或者是手舞足蹈，愤怒就瞪眼跺脚，有高兴的事就要向爸妈或亲近的人诉说。

这个时期孩子的脸就像夏天的天气那样多变，"一日十八变"，说哭就哭，说笑就笑。

游戏范例：多变的脸

父母可以买一些现成的各种表情（如笑、哭，怒、惊、哀等），也可以自己动笔画一些。游戏过程中，摆出一种表情时，父母要用简单的语句告诉孩子这种表情的名称，并引导孩子注意出现这种表情时五官的特征。

让孩子自己摆一摆，比较一下各个表情的差异，父母在旁边指导。如果孩子对一个表情感兴趣，就不要急着换下一个，父母和孩子可以做做这样的表情，说说这个表情说明了什么。

通过游戏，帮助孩子学习从面部表情辨别他人的情绪。3岁的孩子基本上能识别一些最基本的情绪符号。

孩子又哭又闹怎么办

哭，是一种不愉快的情绪反应。孩子的哭有时是来自生理上的，如饿了哭、疼痛了哭、恐惧了哭等；有时是来自孩子的心理需要，如当他玩具没得到时要哭，有时因不顺心而哭，有时遇到陌生人也哭等。

如何来对待孩子的大哭大闹呢？关键要分析哭闹的原因，同时采取有效的方法：

1. 属于情感缺乏，要引起父母关注的。父母不妨采用抱抱、亲亲等身体的触摸来满足孩子，使其情绪好转起来。

2. 用哭闹来达到目的的。父母一般可采用说理，给孩子讲一些他们能听懂的道理，千万不要迁就，至少让孩子知道自己错在哪儿，应该如何改正。

3. 由于霸道不讲理而哭闹的。这时，父母最好采取冷处理的方法来淡化孩子的行为，等孩子情绪稳定时，再与他讲道理。有时也可以与孩子商量让他哭上多长时间，使孩子把单纯的哭闹情绪转移到时间的控制上，既满足了孩子哭的情绪，也防止了孩子一味地哭闹下去。

总之，对孩子大哭大闹不能用一种方法来对待，应多从孩子生理、心理特点出发，正确分析、理解孩子的行为，这样才能对症下药，有利于孩子的健康成长。

为什么孩子会越哄越哭

经常听见有些父母凑在一起说自家的孩子，感叹孩子太不容易教了。为了一些小事，孩子就会哭闹，有时候大人看着孩子委屈的小脸不忍心，就去开导孩子，反而会让孩子哭闹得更厉害。不过，只要大人们不讲话了，也不开导了，孩子就会停下来。

3岁的楠楠因为父母工作忙，就交由保姆看护着。不过楠楠很是乖巧，摔倒后都是自己爬起来，又继续去玩，一点也不哭闹。

春节到了，楠楠在外地的爷爷奶奶来了，对这个小孙女更是爱护有加。这天，楠楠玩着玩着一下子摔倒了。爷爷奶奶便大惊失色地跑过去，抱起小楠楠又是哄，又是劝，又是安抚。小楠楠一开始先是一愣，后来却哭得越发厉害了，而奶奶越是安抚，她越是哭得厉害，最后哭得都有点上不来气了。爷爷更是手足无措，甚至还老泪纵横，觉得小楠楠这么小就没有人管。于是祖孙两代人哭了个稀里哗啦。妈妈见状更是着急了，这爷爷奶奶年纪大，哭起来伤了身体可不好，而楠楠这时已经快哭得上气不接下气了。于是，妈妈不让爷爷奶奶管楠楠，把楠楠自己放在沙发上。老人却说："小孩摔疼了，能不哄她吗？因为摔痛了她才哭！"可是楠楠的妈妈就是不让老人们靠近。别说，不一会儿楠楠还真是不哭泣了。

像楠楠这么大的孩子对事物的判断是以大人的情绪表现为参照物的，越小的孩子越是会受到大人的影响。当楠楠在保姆面前摔倒的时候，看着保姆平静的表情，自己也不觉得痛了，可是爷爷奶奶发现自己摔倒后很是紧张，导致了楠楠的错误判断以及受到紧张情绪的感染，就越哄越觉得疼痛，越是哭得厉害了。

孩子越哄越哭时，大人的心境必须先平和下来，轻轻地拥抱着他，抚摸他的身体。孩子感受到你的安抚，获得了安全感，会慢慢平静下来。然后大人再耐心询问他到底想要做什么，温柔地制止孩子的不良宣泄行为，引导孩子说出自己的不满。切不可用大声训斥或惊慌失措来刺激孩子，激化孩子的情绪。

孩子咬人正常吗

孩子咬人正常与否，这一问题不能一概而论，一般要视孩子的年龄而定。

孩子大约在半岁左右开始萌发乳牙，由于牙床痒或者是饥饿想吃食物而一时得不到，就会发生咬人现象，这是生理上的需求。

1~2岁孩子的咬人，一般是在模仿父母或者是与人交往时逗他的亲咬动作，因这时孩子的语言词汇掌握得很少，无法用完整、正确的语言来表达自己的愿望与需求，只能借助于身体的某个部位来表达自己的需求，就发生了咬人这一现象。一般来说，这个年龄孩子咬人的习惯不会持久，亦属正常。

孩子约3岁时，已经可以用语言表达自己的意愿，如果还是经常咬人，那就不正常了。孩子之间的相互关系，孩子的道德行为，这时正在初步形成，而行为会养成习惯，习惯会形成性格，因此应引起父母注意。

孩子因出牙而咬人，就给他吃些烤黄的馒头片、面包片或饼干之类的质地松软，又有些硬度的固体食物。3岁的孩子处在动作模仿、语言理解的阶段，无论如何大人再不能以咬来表示爱，同时注意语言的训练，特别是教会他一些文明、礼貌的语言，并培养孩子友好、礼貌地与人相处。

当孩子有完整的语言表达能力后，还是经常出现咬人的现象，应从正面教育。可设法让他知道，咬人的行为是不对的，小朋友、爸爸、妈妈都不喜欢，或者以讲故事、情景表演等形式，使他意识到咬人的孩子是不受欢迎的，同时多观察，多引导。一且孩子有进步，就鼓励表扬，让孩子变得懂事明理，养成良好的行为习惯。

教孩子认识外显的情绪

认识自己的情绪、情感要比认识身体更为困难，因为身体是看得见、摸得着的，而情绪、情感则看不见。3岁的孩子已经有了丰富的情绪、情感，并且对这些情绪、情感有了一些体会和感受，甚至能够用语言表达，但大多数情况下，孩子还是比较"糊涂的"。因此，父母要做的就是帮助他们更多地认识自己的情绪、情感，以促进孩子智慧的发展。

3岁孩子的基本情绪有哭、笑、恐惧、依恋，以及由于社会性发展中出现的骄傲、羞耻等复杂情感。父母平时可以有意识地引导孩子注意自己的情绪，有的情绪（如，喜、怒、哀、乐等）有明显的外部特征，父母可以把孩子抱到镜子前让孩子看看自己的样子，有些不那么外显的，父母可以用言语引导孩子体会。

当孩子开心地笑时，爸爸／妈妈可以这样做：

爸爸／妈妈：宝贝，笑起来多漂亮，我们去看看镜子里的宝贝。（到了镜子前）宝贝在笑呀，宝贝是不是高兴啊？

孩子：嗯。

爸爸／妈妈：高兴就笑是吧，那你看看爸爸／妈妈这个表情是什么呢？（做个笑的表情）

孩子：笑。

爸爸／妈妈：对了。那你看看爸爸／妈妈现在这个表情是什么呢？（做个哭的表情，并发出哭声）

孩子：哭。

爸爸／妈妈：对了。为什么哭呢，宝贝？

孩子：嗯？

爸爸／妈妈：哭，是因为难过或痛苦，宝贝有时候是不是也哭呢？

孩子：嗯。

（以此方法，引导孩子认识自己的各种情绪）

教孩子认识内隐的情绪

有些情绪、情感并没有很显著的外部特征，但是确实存在，那么就要引导孩子去感受这种情绪、情感，并让孩子能够表达出来。

如果孩子做了一件很了不起的事情，自己也感到骄傲时，爸爸／妈妈可以这样做：

爸爸／妈妈：宝贝，你真棒啊！爸爸／妈妈为你感到骄傲啊，你有没有为自己感到骄傲呢？

孩子：嗯？

爸爸／妈妈：骄傲，就是觉得宝贝做得很棒，爸爸／妈妈觉得有这样的宝贝很高兴。你是不是也这样认为呢？

孩子：是。

爸爸／妈妈：这种感觉就是骄傲了，宝贝说"骄傲"。

孩子：骄傲。

爸爸／妈妈：好，那爸爸／妈妈问你，你觉得骄傲吗？

孩子：骄傲。

（以此方法，引导孩子认识自己各种隐性的情绪，注意要用孩子能听懂的语言解释给他／她听。）

教孩子识别各种表情脸谱

由于3岁孩子的生理发展的限制，常常意识不到自己的情绪，这时需要父母给予及时的指导，提醒孩子要控制自己。让孩子意识到自己的情绪，有助于孩子形成情绪的自我调节能力。

在日常生活中，父母要让孩子去识别不同的情绪。

如看电视的时候可以对电视中的人物情绪进行评价，教孩子认识不同的情绪："高兴""悲伤""难过"等等，让孩子来说为什么会这样。

当孩子和父母聊天的时候可以有意识地问孩子："今天快乐吗？""宝贝今天生气了，为什么呢？"

让孩子明白孩子有自己的情绪，父母也有自己的情绪。当父母有情绪反应的时候，应告诉孩子"爸爸生气了……""因为外婆病了，妈妈今天很难过"。

爸爸妈妈可以和孩子一起做各种表情的小脸谱，做一个大的时间表，每天下班回来，跟孩子聊聊今天过得怎样，让孩子自己选择代表自己情绪的小脸谱贴到时间表上。

这样父母和孩子都能注意到自己的情绪，可以互相感染积极的情绪，疏导不良情绪，并发展自知智慧。

孩子生气了，父母怎么办

3岁的孩子情绪变化剧烈，喜怒无常，一碰到不开心的事情，就哭哭啼啼。有时不高兴时居然用手拍打头部，更大一点，不管是在家里还是外面，碰到不满意的事情，就躺在地上又哭又闹耍无赖。

碰到这种情形，所有的成人都会心烦头痛。伴随孩子成长的每一步，成人已充分感受到收获的喜悦：付出辛勤的劳动，回报快乐的笑容，但同时也会不时出现这些不和谐的音符。如果成人对孩子的这些情绪处理不当，可能会引起孩子强烈的反应。

3岁的孩子也和成人一样，会有自己的喜怒哀乐，当看到他们突然发脾气，首先应该立刻抱起孩子，以温柔的抚摸和拥抱让孩子放松下来。同时采取不同的措施，引导孩子平息情绪。

1. 找出孩子生气的原因

孩子生气时，大人们要对孩子的情绪表示理解，并尽可能找出原因，这就需要孩子讲出来。如果孩子说不出来，那么大人可以采用试探性的语言来诱导孩子回想自己生气的原因。

2. 鼓励孩子将愿望说出来

孩子生气时，如果希望得到什么，可以鼓励孩子直接讲，让孩子学会直接用言语表达自己的需要，而不能用拉长脸或板着脸的方式拒绝孩子。

3. 抢先一步改掉孩子的脾气

孩子在商店里或家里来客人时，都会比较容易发脾气，因为父母在这些场合往往态度温和、妥协，孩子就正好有可乘之机。所以，父母应在这样的场合态度坚决，语气强硬，不答应就是不答应。

4. 成人的事情与孩子无关

父母无暇顾及孩子的时候，孩子就会因缺失关爱而发脾气。这时父母就不要表现得不快或是指责孩子，从而加剧孩子的紧张，而应该陪孩子玩一会。

总之，成人总是以自己的方式来爱孩子。当孩子表示出他的要求时，成人却因一时的忽略，而没有做出相应的回应，这大多是孩子发脾气的原因。所以平时就应该增进与孩子的了解与沟通，当孩子情绪变化时，就容易找到那把打开情绪钥匙的锁了。

3招平息孩子的怒气

3岁的孩子情绪波动大，会时常发脾气。当他愤怒的时候，父母该如何面对他们生气的行为呢？

首先，制止孩子过分的行为。

如当他打人、咬人、骂人、摔东西时，要立即制止并告诉孩子决不可以这样做。

其次，让他发泄心中的怒气。

如对尖叫、饮泣或大哭的孩子，最好的方法就是：只要他在某个地方不会发生危险，或不干扰别人，就暂时把他隔离开，让他自己慢慢冷静下来。然后了解他发脾气的原因，当孩子是因为受到能力的限制做不成某件事而发脾气时，父母可以说："你是不是饿了，想睡觉了，或碰到困难了？我能帮助你吗？"

如果孩子以发脾气来和父母讨价还价，父母要坚持原有做法。如果孩子有自己的主意，因为受到父母否定而发脾气时，可以允许他生气，但告诉他不可以哭闹。

最后，面对孩子的大发雷霆，父母应学会"进退"之道。

所谓"进"即以欣赏、赞美的方式，经常肯定孩子温柔和宽厚友善的行为。"退"则是暂时回避孩子的发怒，等他情绪平稳时，和孩子探讨愤怒的来源，听听他的委屈、想法，了解他的感受。当让他抒发情绪，并真正听他诉说时，他一定会很快地忘记不愉快并高兴起来。

对症"治疗"孩子小脾气

3岁的孩子的自控力比较弱，在不良的环境下容易产生坏脾气，因此父母有必要弄清楚孩子的情绪类型，并采取有效的方法，帮助孩子形成好的习惯、好的脾气。

其实，发脾气不仅会严重损伤孩子的情绪和生理状态，而且也会使父母狼狈不堪，感到很棘手。所以你要想方设法制止孩子哭闹、发脾气，不能一味地劝说，而是要根据发脾气的原因对症下药。

孩子坏情绪的产生都是有因可循的，父母要了解孩子不良宣泄的原因，有针对性地调控孩子的心态。

如果孩子是想通过极端的手段来达到愿望或得到满足，父母可以温和地指出不合理性，然后通过语言或外界事物，巧妙地转移孩子的注意力，让孩子从糟糕的情绪中解脱出来，停止不良的宣泄行为。

如果孩子有消极感受如恐惧、愤怒，那么父母要抱紧他，想办法消除他的恐惧感。

不爱讲话的婴儿可能会以动作表达他们的情绪，所以成人可以用问话把问题找出来，如"孩子摔痛了？""玩具找不到了吗？"

对于行为激烈的孩子，用转移注意的方法，让他脱离刚才的场景，把他抱到另一处去，和他轻轻地说话。

对那些稍稍懂事的故意要赖的孩子，不妨先冷处理，不要理他，过几分钟，他反而会自己跑来找成人。这时才抱住他和他说话。对这些孩子，千万不能用哄的方法，越哄，孩子闹得越凶。

孩子有情绪也需要宣泄

3岁的孩子已是"小大人"了，心里想的东西越来越多，那种"给块糖就不哭"的日子已一去不复返。大人们会感慨孩子是不是出了什么问题。其实，这只是孩子们真正开始用心去感受世界，开始寻找自己的朋友，开始寻觅着将心里的烦恼忧愁对一些人倾诉，开始注意别人的眼光，并想方设法引人注意。此时的他们心里充满幻想，跃跃欲试，而心灵也更为脆弱，往往会因为身边最亲近的人的关怀而宣泄情绪，也会因为身边亲近的人的训斥而感到伤心绝望。

每个人都应当学会发泄情绪，尤其是孩子。他们幼小的心理承受能力差，也不会用大道理来开脱自己，只能将情绪发泄出来，而哭是最直接的方式了。适当地释放情绪，对孩子们的身心都有好处。所以，在他们感觉到气氛紧张的时候就会大哭起来，并随着大人和周围气氛的紧张而哭得越发厉害。实际上，尽管孩子宣泄情绪的方式有些过激，但大人所需要做的不是阻止他们，而是极力地引导自己的情绪，让自己变得平和。

著名心理学家弗洛伊德说过，幼儿年龄小，对情绪宣泄具有不明确等问题，因而还不能根据场合合理地宣泄情绪。不正确的宣泄方法对他们有很多危害，而在大人过分的关怀和紧张下，会助长孩子急躁不安、倔强、无理取闹的坏脾气，在性格方面还会引发自闭症、退缩、缺乏信心等。

与此同时，弗洛伊德还充分肯定了情绪宣泄对维护心理健康的价值。他认为当人有情绪时，讲出一切来，能够减轻精神上的症状。所以，让幼儿有机会通过言语的或非言语的方式表达自己的情绪、情感，就能减轻他们精神上的压力。

弗洛伊德的观点直接说明了孩子情绪发泄的重要性，3岁孩子由于表达能力欠缺，又缺乏合适的倾诉对象，内心积压的情绪问题渐渐严重，如果消极的情绪没有得到很好的调节，就会出现问题，最终发展到不适应现实生活环境的地步。

作为父母要有一双敏锐的眼睛，洞察孩子的情绪，引导孩子找到一种好的发泄方式，帮助孩子合理宣泄情绪。比如，待在孩子的身边，让他哭个够；或拿一张白纸，让孩子撕扯，或用笔在上面乱涂等安全的宣泄方式，可以让孩子尽情宣泄情绪中的不满，又不做出伤害别人的事情。

孩子自控力，父母教最好

有较高自知智慧的人，既能够自我了解，又善于自我调节、自我控制。一般说来，一个能很好地控制自己的人在生活中更容易获得成功。而这种自我控制的能力只能从小培养。

自我控制中，对自己情绪的控制也是一个重要的方面，会疏导自己的不良情绪是保证孩子身心健康发展的一个重要手段。

如果3岁孩子表现不良情绪如愤怒、悲伤时，父母可以这样做：让孩子把情绪发泄出来，比如流泪，但不要允许孩子打自己或者打别人。

父母在孩子身边，温情地抚慰孩子，让孩子渐渐平静下来。

等孩子平静了，可以跟他们谈谈到底是怎么回事，帮孩子分析一下问题和情绪。

引导孩子正确地对待这种不良情绪。

通过这种方法，让孩子知道怎样处理不良情绪，怎样做有助于问题的解决，怎样才是对自己好的方式。

Part 3

3岁，孩子喜欢对着干

——如何引导孩子判断是非

3 岁是孩子的第一"反抗期"

孩子在搭积木，当他搭得十分高兴的时候，如果在一旁的爸爸帮他拾起地上的积木，去搭上一块时，孩子会突然将搭好的积木全部推倒，不玩了。

孩子要自己吃饭，但吃得衣服上、饭桌上全是饭菜，妈妈将小匙从孩子的手中拿过来，要喂他吃饭时，没想到，孩子却发起了脾气，不肯吃饭了。

父母往往不理解，为什么孩子那么不听话，爱对着干，常常发脾气。其实，孩子的这种表现，就是告诉我们，他们正处于"反抗期"。而被心理学家称之为人生最初阶段的"第一反抗期"正是从孩子2~3岁开始的。

对于"反抗期"，父母不必担心和烦恼，而应正确地去理解孩子的心理。因为2~3岁的孩子已经能够自由行动，活动范围扩大了，掌握了基本的语言，能够与人交流自己的思想、情感，自我意识在不断地发展，并有了自己的主见。

因此，在这个时期，父母应该正确地对待孩子，要尊重孩子的人格。虽然孩子年龄小，但也有自信心和自尊心，父母对于孩子的无意过失不应表示不满，批评孩子，而是应予以鼓励。

孩子"反抗"为哪般

为父母者要认识成长中3岁孩子的逆反心理，并了解孩子为何逆反。孩子逆反行为的形成非一朝一夕，其可能形成的原因包括多方面。

人与人的相处，是起着相互作用的，好比你尊重我，我也尊重你，你对我好，我也对你好。父母与孩子的相处也是如此。身为父母的你，必须注意自己与孩子的沟通方式。很多时候，孩子不一定是叛逆，可能他说了一句话，父母觉得不满意，就大声骂他，孩子受到刺激，也变得以哭闹来对抗，或以沉默抗议，或以反叛行为抗议。

许多时候，孩子心里不满父母脾气不好，说话不算话等，但又说不出来，便会以行为来表现自己的不满。有时候，父母并非脾气不好，而是因为孩子行为不良，经常犯错误，父母自然责备得比较多。可是，孩子却固执地认为父母脾气不好。因此，孩子很可能会以不听从命令等行为表示不满。

孩子叛逆，父母一定会不满，因此，会用自己的权力来制服他，用声音来压倒他。急躁的父母应该提醒自己，保持冷静，等孩子冷静，再与他进行沟通。孩子叛逆时，言语和行为会如暴风雨，不懂得控制自己，但成年人却应该懂得何时该保持冷静。父母以冷静的态度，心平气和地与孩子交流，应该像从前一样关怀他，对待他，到了一定阶段，这种叛逆的行为将自动消失。

帮助孩子认识自己

3岁孩子是发展自我意识的阶段，这个阶段，他们逐渐意识到自己的身体、思想，渐渐地把自己与他人区分开来，使得对周围事物看法、交往行为等也由无意识变为有意识。但是孩子自我意识的发展不是一蹴而就的，需要生活中经验的积累，父母要做的就是帮助孩子认识自己，为孩子今后用自己的大脑去正确看待周围的人和事打下良好的基础。

可以让孩子看看相册，或录像，寻找一下自己。一般孩子在看到自己小时候的模样时，都会很高兴，这实在是一个认识自己的好方法。同时这个方法还能让孩子知道自己是在不断成长的，现在比以前长得大，以后又会比现在长得大。

看相册和录像，爸爸／妈妈启发孩子认识自己：

爸爸／妈妈：宝贝，快来看，这是谁呀？

孩子：我。

爸爸／妈妈：对，宝贝叫什么名字呢？

孩子：×××

爸爸／妈妈：哦，对了。你看你在干吗呢？

孩子：玩球。

爸爸／妈妈：这个皮球是不是现在还在你的卧室里呢？

孩子：是。

爸爸／妈妈：宝贝，你看那时候的你和现在一样吗？

孩子：一样。

爸爸／妈妈：一样吗？你看那时候，你还不太会走路呢，后面是爸爸的大手在扶着你呢。一样吗？

孩子：不一样。

爸爸／妈妈：对了，宝贝长大了，宝贝每天都在长大，是不是啊？

孩子：是。

引导孩子学会评价自己

自我评价是自知智慧中的一个重要元素，在对自己的行为、态度等进行反思时，作出评价是很重要的一环，所以自我评价能力的发展，直接影响着自知智慧的发展。

3岁孩子会出现自我评价行为。这个时候的自我评价常常带有主观情绪，只能对外部行为进行局部的评价，而且依赖成人的评价。所以爸爸妈妈要做的就是，给孩子做正确的、客观的、积极的评价，帮助孩子逐渐学会自我评价。让孩子做到能够自我评价，有助于孩子正确认识自己，对于孩子今后正确认识事物、判断是非有着不可忽视的作用。

孩子爱拿笔画来画去，有时候就会画在墙上、沙发上、柜子上，父母要怎么评价孩子的行为呢？

爸爸／妈妈：孩子，爸爸／妈妈看看你画画，画的什么呢？

孩子：猫猫。

爸爸／妈妈：哦，画得还是很漂亮的嘛，孩子是不是很喜欢画画呢？

孩子：是。

爸爸／妈妈：长大做个画家，好不好？

孩子：好，我就喜欢画画。

爸爸／妈妈：哦，那么你说，画家的画都画在哪里让人们欣赏呢？

孩子：嗯？

爸爸／妈妈：画家是不是都画在纸上，然后摆在艺术馆里让大家来看啊？

孩子：是。

爸爸／妈妈：那孩子要当了画家，把画都画在墙上、沙发上、柜子上，别人怎么来看啊？

孩子：嗯？

爸爸／妈妈：孩子以后画画是不是应该画在纸上呢？

孩子：是，让别人看。

爸爸／妈妈：对了。而且，你看画在墙上、沙发上也擦不掉，洗不掉了，是不是也不好看啊？

孩子：是。

爸爸／妈妈：那宝贝是大孩子了，以后还要当画家，是不是不往墙上、沙发上画了？

孩子：是。

爸爸／妈妈：宝贝真懂事。知道什么是好的，什么是不好的了。

孩子有玩具，为何还要抢别人的

当两个以上的3岁孩子在一起玩时，有时就会出现自己有玩具，却去抢别人玩具的现象。有些父母看到了，会说抢玩具的行为霸道，有的会要求孩子不要去抢，而要用语言表达。其实这些方法都不能解决问题，原因在于没有理解这一阶段孩子的特点。

3岁孩子正处在以自我为中心的阶段。自我中心化现象是儿童心理学家皮亚杰的研究成果之一。它所指的并非成人世界中的自私自利、不顾他人，而是指这个阶段的孩子还不能把自我与他人、其他事物很好地分开，凡事以自己的动作和想法为主，以为自己是世界上唯一的中心。因此表现在行为上，孩子会把其他与他不相关的事物看作与他是一体的。玩玩具时，别人的也就是他自己的，既然是他自己的，他自然就可以拿过来玩。另外，对待同一样事物，他不能自觉地从别人的角度和立场去思考，想当然认为别人具有与他相同的想法，因此孩子并没有认为上述举动是争抢夺取的意思。

尽管如此，这并非说明孩子的这种行为可以得到允许和放任。孩子的自我中心化现象，只是其认识活动发展过程中的一个特点。一方面随着孩子活动的加强，他就能在活动中不断地了解自己和外部事物的各种关系，区别自己和他人，理解别人的东西不是属于自己的。另一方面父母应当给予孩子这种行为一些有效的指导，比如对抢夺行为进行限制，当孩子出现良好行为时，给予赞许。

针对孩子出现争抢的现象，父母应当注意：首先，在提供玩具时，不能种类多，数量少，同类玩具数量应该多些，使得他们基本上每人都有同一种类的玩具，让他们能够有各自玩各自玩具的可能。

其次，当孩子出现争抢时，不要采用严厉批评的方法，而是通过游戏的方式，使争抢的双方把注意力从玩具上转移出来，再采取其他方法。有些成人不注意这一点，采用硬性指派，如说："你是主人，就该让客人玩。"这种方式孩子既不理解，又觉得突然，更容易引起争抢。

最后，对良好的行为给予表扬："××真乖，把汽车让给小朋友先玩，过一会儿汽车就开回来了。"这样就会暗示另一方孩子，玩具玩一会儿后还给对方，被争抢玩具的孩子也能够感到成人对他情感的理解。只有不断坚持这些方法，孩子才能建立起良好行为。

孩子爱听好话怎么办

好话人人都爱听，适宜的好话可以引导、激励孩子努力向上。但如果3岁孩子一直爱听表扬、夸奖的好话，当遇到困难或挫折时，孩子就会产生逃避或退缩的行为，个别的孩子则以攻击性行为作为自我防卫，这不但会造成孩子性格上的偏差，还会造成孩子是非不分，不能正确判断自己的行为。

怎样纠正孩子爱听好话的习惯呢？

首先，要帮助孩子逐渐增强面对困难的信心。也就是说，平日不要过分刻意为孩子排除正常环境中可能遭遇的困境，让孩子自己想办法解决。如果父母在家中特别宠爱孩子，非常周到地替孩子决定各种大小事，同时又一味地让孩子达到所预定的目标，而给孩子戴"高帽子"，孩子也习惯了听好话，等到了幼儿园过集体生活，对于各种活动就会缺乏自信。在活动中不敢尝试有难度的事情，害怕失败，导致孩子在幼儿园情绪不稳定，会出现不肯去幼儿园的现象。长期如此，必会给孩子带来性格上的不良影响。

其次，父母不要无原则地表扬和奖励孩子，对就是对，错就是错。必须耐心地讲道理，帮助孩子建立是非观念，培养孩子判断是非的能力。

最后，在表扬孩子时，要指出孩子的不足之处，以及今后努力的方向，让孩子确定新的目标。

只有父母有了坦然的态度及正确的是非观念后，才能真正地引导帮助孩子。当孩子拥有了父母的理解与接纳，通过适当地赞美和鼓励，孩子就会充满自信。

孩子爱顶嘴怎么办

顶嘴，是3岁孩子成长中所必经的过程，是孩子比较正常的成长表现。他是在证明给你看，他开始有了独立意识，对事物有了自己的见解。

有些父母，面对孩子的顶嘴，会直截了当地对孩子说"不许顶嘴"。

孩子口语上不礼貌的表现，对父母来说是相当困扰的问题。父母要冷静理智地对待孩子的顶嘴行为，与孩子进行良性的沟通，而不能孩子一顶嘴自己就发火，不让孩子顶嘴，甚至打骂孩子。否则不但会阻碍亲子间正常的沟通，而且对孩子将来的人际关系与心智发展更会造成不良影响。

与其直截了当地对孩子说"不许顶嘴"，还不如说"宝贝乖，能换一种口气说吗？"或者说，"宝贝是不是哪里不舒服，说给爸爸（妈妈）听？"如果孩子正在气头上，父母也可以说："宝贝别生气，你可以慢慢说好吗？"

其实父母应明白，孩子向来都是很直接地用言行来表达自己的意图的，从来不会遮遮掩掩。所以，在孩子顶撞你时，你应该问问自己："究竟发生了什么？这个小家伙想怎样？"当你明白了孩子的意图后，你就会理解为什么突然之间这孩子变得那么粗鲁。从孩子的角度考虑问题，有助于父母缓和气氛和自己的情绪。父母这么做也是给孩子做出了一个榜样，教他学会控制自己的情绪。

父母一旦发现孩子有顶嘴的习惯，就应认真分析产生的原因，多与孩子谈心，了解孩子在想什么，喜欢什么。多与孩子沟通，就可以减少冲突的发生，改变孩子顶嘴的不良习惯。

孩子爱捣乱怎么办

孩子这种破坏的愿望是生长过程中一种合乎逻辑的、有积极意义的过程。婴幼儿的好奇心很强，看到的一切对他们而言都是新奇的。在摆弄和使用各种玩具和新鲜事物时，他们开始区分出事物的各个部分，熟悉物体的各种属性，逐渐形成了对该事物的整体认识。

例如天天在撕书的过程中，无意识地了解书的形状、颜色、图片、文字，纸的材质、性质；撕书的声音给他以快感，撕书的动作锻炼了他的小肌肉，撕书时注意力也逐渐趋于稳定。撕书有这么多的好处，为什么不让孩子多试试呢？当然父母同时要告诉孩子，不能撕新书。父母可以为孩子准备一些废旧报纸、画报、碎布等材料，鼓励其探索。

在此阶段，多数的孩子还没有形成明确的道德观念，只是感到能破坏东西、能干涉他人、能不听强者的指挥、能自主行动、能引起别人的注意就是快乐的事。爱捣乱说明孩子的自我意识在增强。

对于这些小捣蛋鬼，父母应该做些什么？

当然不能让他们胡闹，制止一下就可以了，不要唠叨，不要总是批评，更不要恐吓他们，至少不要让他讨厌你。3岁孩子的自我意识在形成中，也产生对自己能力的认识和自信，即独立性的萌芽，他们常常要自己干一些事，而不愿让大人帮忙。此时父母过多地关注反而会强化他们的破坏行为。

但是对于过火的破坏性行为必须控制。父母不妨试试自然后果法，在不影响孩子安全的前提下，让他体验自己捣乱的后果：画册、玩具损坏了，怎么玩？

让"不听话"的孩子"听话"

3岁孩子有时表现出来的不听话，会令父母感到束手无策，而形成这种局面有许多原因，父母要做具体地分析，然后才能实施相应的教育方法。

1. 与孩子建立和谐的亲子关系

在平时与孩子的接触中，多用肢体语言来让孩子体会到你对他的关爱。当孩子成功时，你点头赞许；当孩子遇到困难时，你主动去帮助；当孩子要与你亲近时，你要满足孩子的情感需求。所有这些都向孩子表达了父母对他的爱，说明孩子在父母心目中的重要地位，使孩子体会到这种爱。

2. 使建立的亲子关系进一步深化

当孩子不能自主活动时，父母需照料他，当他一旦能自由活动时，父母要多花时间陪他玩，做游戏，用共同的活动来加深互相的理解和感情。

3. 使用孩子理解的语言对他提要求

例如，当叫孩子吃饭时，他不吃却把饭撒了一地，这时的指责只会使孩子变得更加"不听话"，不妨试试游戏的语言：小小鸡，快快来，吃吃香香的米饭，身体长得快。孩子很乐意成为小小鸡，这样他在游戏情景中便会主动吃完自己的饭菜。

4. 父母对孩子的要求始终要一致

否则会使孩子无所适从，也会导致不知与父母怎么合作，从而变为"不听话"。

让孩子听话，同时别忽视孩子自己的想法，这样才能使孩子在听话的同时，也能在个性上、品质上同样得到完善。

不要纵容孩子的任性

在现在社会中，任性可以说是独生子女的通病。

3岁的芳芳聪明可爱，乖巧的时候，也着实惹人喜爱。由于芳芳能歌善舞，语言表达能力强，在家里，爸爸妈妈、爷爷奶奶、姥姥姥爷都争着疼爱她。可是，芳芳有一个很大的问题——太任性。在家里随心所欲，什么事情都得依着她，稍不如意，她就会大发脾气，哭闹不止，谁的话都不听。

为此，她的父母伤透了脑筋。尽管他们一再告诫她"你下次再也不许重犯了"，可不愉快的事情还是不断发生着。

这天，妈妈因为着急去上班，就匆忙将爷爷一大早去餐馆买给芳芳的早点吃掉了。芳芳的脾气立刻又上来了，号啕大哭："妈妈为什么要吃我的？这是我吃的！"她的脾气越来越大，没完没了，眼看着妈妈上班要迟到了，那也不行！最后还得爷爷再去餐馆买一份早点回来给哭得一抽一噎的芳芳，才算完事！

任性作为一种不良的性格，除了与天生的秉性有关以外，最主要的是与父母的教育方式有关。孩子小的时候，常常有不合理的要求，父母觉得孩子小，不懂事，就迁就他，时间长了，就会形成孩子放任自己的心理定式，习惯于按照自己的意愿行事，并要求他人服从自己。所以，父母在养育孩子的过程中，要把握爱的尺度，不要过分地、没有原则地宠爱孩子。

不能无原则地迁就孩子

3岁的孩子正处于"反抗期"，自我意识强，喜欢以自我为中心。他们常常是看到什么要什么，如果父母不能满足他们的要求，就不开心发脾气，又哭又闹。有的父母出于疼爱孩子，对孩子的要求过于迁就，什么都顺着孩子，孩子要什么就给什么。

孩子在家庭中的地位高人一等，处处特殊照顾，如吃"独食"，好的食品放在他面前供他一人享用；做"独生"，爷爷奶奶可以不过生日，孩子过生日得买大蛋糕，送礼物……

迁就和顺从孩子的不合理要求，实际上是助长他们的"自我为中心"，造成孩子自感特殊，习惯于高人一等，容易使孩子变得自私自利，没有同情心，不会关心他人。

在百依百顺的环境中长大的孩子，当步入社会以后，或是在复杂而正常的社会生活中会失去生活的勇气，或是走上反抗社会、铤而走险的道路，这样反而害了孩子。

因此，父母们不要过分溺爱自己的孩子，对孩子不要一味迁就，要做到坚持原则，父母要拒绝孩子的不合理要求，让孩子明白，在这个世界上，不可以为所欲为，人要学会控制自己的欲望。

如果孩子看到什么就要什么，父母可以和孩子说明自己的观点，倾听孩子的想法，和孩子一起分析利害。如果孩子无理取闹，父母可以冷处理，过后再和孩子讨论对错。

孩子和大人一样有着自己的需要和意愿。有的父母错误地认为只要父母为他安排好一切，孩子是一味顺从的，或者完全满足孩子的需要，要什么给什么。其实这种想法是有害的，在尊重孩子意愿的基础上合理地满足孩子需要，才能促进孩子心理的健康发展。

先赞扬优点，再批评缺点

3岁的明明是一个很任性的孩子，当父母对他要求一放松，他就会不好好吃饭，并损坏东西、不讲卫生，总之是一副很不听话的样子。每当明明出现这种情况，父亲就带他出去玩，在他开心的时候再指出他的错误。明明有一天明白了，不得不吐舌头，以示悔意。

在孩子成长过程中，批评是必不可少的。当孩子不听话做出错误行为时，父母在批评孩子时一定要注意方式方法，具体来说，要做到以下几点：

批评孩子，最好是单独进行，不要让孩子当众丢脸，不要伤害孩子幼小的心灵。

批评的重点只对事不对人，不要过分强调孩子的过失，重点应该放在如何帮助孩子改正上。

批评前，先说说他的一些优点。这样，孩子对大人的批评会心悦诚服，更易于接受。

　　父母批评孩子时，态度要和善，切勿居高临下，咄咄逼人，使孩子对父母产生逆反心理。

　　父母批评孩子时切不可啰唆，简明扼要，找准错误的要害，严肃认真进行教育。

　　父母批评孩子时不能情绪化，要态度明确，绝不可时而批评，时而放任，这样会使幼儿难辨是非。

　　孩子一旦有错，要立即批评纠正。如果错误发生已久，再进行批评，孩子会觉得莫名其妙。

　　不要以为一次批评，孩子就会彻底改正。如果孩子重犯错误，要坚持耐心说服教育。

　　只要孩子领会了批评的意思而又有悔改之意，就要原谅他，终止批评。

　　每次批评都应该以爱护孩子、培养孩子良好行为为出发点，并充分相信孩子能改正错误。

给孩子说"不"的权利

　　专横的父母，是不让孩子说"不"的。试想，这样的父母，又怎能与孩子成为真诚的、平等的朋友呢？这样的父母又怎能把孩子放在最为重要的位置上呢？

在生活中，我们时常听到一些父母在说："我的孩子理解能力很强，说了就能够理解，因此，他几乎没有什么反抗。"这样的话在教育学家们看来是危险的。

以色列学者瑞巴曾经将孩子分成反抗期现象与没有反抗期现象两种。就这个问题，瑞巴曾做过近20年的追踪调查，他专门调查这些孩子们的成长情形。结果发现，显示有反抗期现象的孩子，后来成为具有自主性较强的人格特质者，而未显示有反抗期现象的孩子，长大之后多成为缺乏自主性的人。

孩子没有表现反抗期现象其实有两种原因，一是孩子缺乏自己的主张与精神，二是由于父母施加太大的压力。这样就使孩子成为温顺、有固定形式的人格。

不少孩子之所以能成为活泼、有反抗精神的人，是因为在某一时期体验过自己的主张，能够以自身的实际体验为基础，进一步学习并能表现自己的欲望或主张。

成长中的孩子具有反抗行为。这是极为正常的事，也是自然的事。这表示孩子已经开始有自己的想法，而不仅仅只是接受。

特别"狠心"特别爱

严格要求对3岁孩子的成长来说，是有必要也很重要的。这是因为，3岁孩子是非界限有时不清，而且对自己的情感和行为往往也不善于独立控制。如果父母对他们不严格要求，他们往往还不能主动、自觉、正确地按行为道德标准来行动。

因而，这就更需要父母对他们的思想和行为有严格的要求，使他们养成良好的思想和行为习惯。仅有爱不见得能教育和培养出优秀的孩子来，而应该把热爱和严格要求结合起来。

严格要求也是热爱孩子的一种体现。所谓"爱之深，责之切"，就是说，严格要求正是出于深切的爱。所以，做父母的不应该受盲目的爱所支配，要"严"中有"爱"，"爱"中有"严"。当然严格要求并不意味着对孩子的严厉、动辄训斥打骂，而是要做到以合理为前提。同样，态度应该是耐心的，循循善诱的。

父母对子女一定要怀着带有严格要求的热爱，千万不要溺爱姑息孩子、过分地迁就孩子与宠爱孩子。一定要有理智，有"分寸感"。只有这样，才能把孩子培养成为有良好个性品行的优秀人才。

Part 4

3岁，孩子想自己来

——如何启发养成孩子独立意识

3岁孩子的"独立"特质

3岁的孩子独立性有了一定的发展，他们意识到了自己的一切，认为自己是个独立的人了，有时候就会要自己做这做那。

3岁的孩子在情感、情绪、行为等方面表现出一定的"独立"特质：

情感发展——开始表现出复杂的情感，如羞愧、尴尬和自豪等自我意识较强的情感。

情感表达——能用诸如高兴、悲伤、生气这类词来表达自己或他人的情感。

自我意识——自我意识增强。

同情心——开始表现出同情心，善良的一面。

性别意识——清楚自己是男孩还是女孩。

人际交往——开始建立友谊，与同龄人交往日趋复杂，并表现越来越积极。

引人注意——做出一些"成就"，很自豪、高兴，想让别人也注意到。

独立性——独立性越来越强，分离焦虑的情况越来越少。

违拗行为——社会交往中，对于哪些该做哪些不该做的事情，显得很急躁。

探索行为——有看护人在的情况下，孩子开始探索周围环境。

这个时候，父母可以让孩子独立做一些事情，满足他的需求，让孩子像个独立的人似的去交往和做事，发展孩子的个性。

比如，让孩子做个"通信员"，帮爸爸妈妈传话、送东西，让孩子独自给亲人朋友打电话，让孩子独自与小伙伴交往，学着分享、协商，解决冲突等。

帮助孩子认识自己

3岁孩子是发展自我意识的阶段，这个阶段，他们逐渐意识到自己的身体、思想，渐渐地把自己与他人区分开来，使得交往行为也由无意识变为有意识。

但是孩子自我意识的发展不是一蹴而就的，需要生活中经验的积累，父母要做的就是帮助孩子认识自己。

爸爸／妈妈可以抱着宝宝照镜子。让宝宝看看镜子中都有谁。

爸爸／妈妈：宝宝，看看镜子里有谁呀？

宝宝：宝宝。

爸爸／妈妈：哦，除了宝宝，还有谁呀？

宝宝：爸爸／妈妈。

爸爸／妈妈：对了，宝宝真棒！还有爸爸／妈妈。那宝宝看看这是宝宝的什么？（手指镜中宝宝的鼻子）

宝宝：鼻子。

爸爸／妈妈：谁的小鼻子呀？

宝宝：宝宝。

爸爸／妈妈：对了。那这个是什么？（手指镜中宝宝的眼睛）

宝宝：眼睛。

爸爸／妈妈：谁的小眼睛呀？

宝宝：宝宝。

……把宝宝身体的各个部位都认一遍，可以变换句式，后面也可以父母说部位，让宝宝指认。

爸爸／妈妈：宝宝的小肚子呢？

宝宝指认，认对了，父母要鼓励。

……认完孩子的，可以认爸爸／妈妈的，话语同上。

人的视线范围是有限的，某些东西是无法看到的，比如我们无法看到我们的整体形象，于是我们使用镜子。那么让孩子认识自己的时候，我们不仅需要让孩子认识局部，还需要让他们认识到整体，所以我们建议在孩子的活动室里装一面镜子。镜子的高度最好在孩子的视线范围内，这样孩子在活动的时候可以看到自己的身影，加深孩子对自己的认识。

爸爸妈妈在让孩子认识自己身体时，也可以用这个镜子来讲解。平时也可以在它面前进行一些需要看孩子表情的游戏。

让孩子认识自己的身体

要发展自知智慧，首先要从认识自己开始，而要认识自己首先要从认识自己的身体开始。只有认识了自己的身体，才会对自己这个存在的人有更深的感受。而孩子3岁时，对自己的身体有了强烈的自我意识，爸爸妈妈借此机会正好教育，培养孩子的自知意识和自理能力。

爸爸妈妈可以告诉孩子身体各个部位的名称，让孩子学说、指认，并且不断地练习说和认。

爸爸／妈妈：（指着自己的鼻子）这个是什么？

宝宝：嗯？

爸爸／妈妈：这个是鼻子，宝宝有鼻子吗？在哪里呢？

宝宝：嗯？

爸爸／妈妈：有，宝宝的小鼻子在这里。（说着拉着宝宝的手，指指鼻子。）跟着爸爸／妈妈念，鼻子。

宝宝：鼻子。

爸爸／妈妈：对了，宝宝真棒，再说一次，鼻子。

宝宝：鼻子。

爸爸／妈妈：真棒啊，宝宝！那么这个是什么呢？（爸爸／妈妈指着自己的眼睛）

依此类型的对话，让孩子认认自己的身体，一般到3岁时，孩子应该能够对自己身体的各个部位，以及整体形象有一个比较清楚的认识了。

爸爸妈妈可以念着儿歌跟孩子一起做游戏，说到哪个身体部位，就指着哪个部位。

大风呼呼地吹，大风呼呼地吹，吹到哪个小孩子，请你摸摸脸。孩子摸到了，就鼓励他／她，然后继续。大风呼呼地吹，大风呼呼地吹，吹到哪个小孩子，请你摸摸耳朵。以后可以是鼻子、头、脚、肩膀等等。

做好孩子的成长记录

成长记录是非常有意义的，和孩子一起记录，让他们对自己有个了解，知道自己是不断成长，不断变化的。

1. 定期测量身高体重

相信每对父母对自己的孩子的成长都是非常关心的，从出生开始就不断记录着孩子的身高、体重，以及各个方面的情况，这是一个很好的习惯和方法。如果您已经在做了，请坚持下去；如果您还没有做，那么马上开始吧。

一般定期给孩子测量身高、体重，并做记录，然后告诉孩子他／她长高了多少，长胖了多少，看着孩子长大爸爸妈妈有多么高兴。

一段时间后，就拿出记录来让孩子看看，让他／她了解，自己是在不断地长大，让他／她也逐渐关注自己。

2. 成长记录

父母可以用文字、照片或录音、录像等方式记录孩子的成长历程。这对于孩子来说是了解自己、感受父母之爱的一个很好的形式。

孩子3岁时，可以让他／她看看相册或录像，寻找一下自己。一般孩子在看到自己小时候模样的时候，都会很高兴，这是一个认识自己的好方法。同时还能让孩子知道自己是不断成长的，现在比以前长得大，以后又会比现在长得大。

帮助孩子克服分离焦虑

分离焦虑是指当孩子已经和爸爸妈妈之间建立了比较安全和

稳定的亲子依恋关系，但同时又要和爸爸妈妈分离时，孩子就会表现出焦虑、不安以及烦躁、惧怕等情绪反应。

研究表明，大约7个月左右，孩子就会出现分离焦虑的现象，到了3岁仍然会保持这种现象。

那么，对这种现象，父母们该怎么做，才能帮助孩子克服这种焦虑、不安的行为反应呢？

一些研究表明，孩子与爸爸妈妈分离时的痛苦强度部分取决于孩子与爸爸妈妈之间的交往和依恋关系。也就是说，当孩子与爸爸妈妈分离时，孩子和爸爸妈妈之间的依恋关系越密切，那么孩子的分离焦虑反应就越强烈。

因此，让孩子克服分离焦虑的办法之一就是爸爸妈妈不要过分溺爱孩子，时刻都不离开孩子身边，应该和孩子之间保持适度的距离，同时给予孩子独立探索的空间，多让孩子自己动手操作，积极培养孩子独立的能力。比如，看到新玩具了，父母可以鼓励孩子自己探索、摆弄，而不必看父母的态度、反应再去操作。

要让孩子克服分离焦虑，变得独立、不过分依赖成人，还有一个重要方法就是，爸爸妈妈要经常给予孩子鼓励和肯定，多跟孩子说一些肯定的话语，如"孩子真能干""孩子能行""孩子真勇敢""孩子自己来"，等等，通过这些话语的激励，增强孩子的自信心和独立做事的勇气。

孩子要独立，父母先独立

"独立"并不是要求孩子勇敢地独自完成某件事而拒绝孩子的求助，而是在生活中让孩子有机会为自己做主。父母也许只需提供意见，分析结果，由孩子自行做决定并负责。对孩子独立性的培养，要尽量和"自然""生活"相结合，让孩子学习处理身边的事件，参与日常活动，自然地表现出独立的行为。父母不要刻意地安排所谓的"独立训练"，更不要把试探独立的过程，当做培养孩子独立的方式，这样只会使孩子惊恐不安，从而显得更加依赖。

只有"独立自主型"的父母，才能培养出具有独立性格的孩子。在发展学上，7岁以前是认同期，在认同期内，父母的处世态度对幼儿的人格发展有很深的影响，若父母不具备独立自主的人格特质，幼儿自然无从学习到真正的"独立"。往后小孩表现出的独立，很可能只是表面上行事的独立，内心却仍存有非独立性的情感。这种表里不一的情况，很容易产生人格冲突，也就是在举止表现上相当独立，内心却十分脆弱。所以在期望孩子独立自主的同时，父母也要自我审视一番：

第一，重新思考和孩子间的关系。在依附行为尚未建立之前

（也就是年龄尚小时），一味要求孩子独立，可能会造成亲子间的疏离。

第二，父母期望孩子独立，到底是基于"独立性"对人格成熟的重要，还是嫌孩子黏人，盼孩子能快速长大，让自己图个清静？在要求孩子独立自主时，父母的情绪是否稳定、态度是否一致？父母不稳定的情绪及态度易使孩子产生负面行为。

第三，父母是否在不自觉中用权威、假民主来驾驭孩子。一方面了解"独立性"对孩子的重要，另一方面却又无法容许孩子有自己的想法、做法。

"小鬼"当家：让孩子来做主

培养孩子的独立意识，并不是让孩子像成人那样计划什么重大的事情，而是在日常的生活中，要让孩子有做主的机会。

孩子自己的事情，父母要尽量让孩子自己做主，如穿什么衣服，如何整理自己的玩具箱，如何装饰自己的小天地……父母可以在孩子的指导下帮助往床头贴孩子的作品，或者把玩具箱从床下拿出来，放到门的一侧等。

家中许多需要孩子参与的事情，父母都可以询问孩子的态度和意见，并商量由谁主要来做这件事情，如果由孩子来做，父母就要充分、合理地配合孩子。

游戏范例：小鬼当家

带孩子到银行去交水电费或去超市购置生活用品，购物前家庭成员先商量并说明自己需要的物品，让孩子做个简单的统计，然后到超市去买。

在超市中让孩子比较同类商品的不同价钱，分辨哪种物品更适合购买，为什么？活动后让孩子谈谈自己当家的体会。

这样可以培养孩子合理用钱的意识，让孩子了解父母当家的辛苦，同时还可以发展孩子的家庭责任心，更重要的是培养起他敢于决策的能力。

让孩子自己做选择和决定

关于某件事情，提出自己的几点建议，然后摆在孩子面前，孩子需要判断、决定的时候，父母需要做的就是把选择权留给孩子，让孩子自己去选择、决定。

但是也存在这样一种情况，有的孩子在面临选择的时候，就是做不出选择，也有的索性要赖、蛮不讲理，不愿意做出选择。这也确实让父母烦恼不已。

这种时候，父母首先给孩子划定选择的范围，或者具体地给出选择的对象，比如二选一什么的都可以，给出范围和具体的选择对象之后，再把选择权交给孩子。

这样不但让孩子在自己做决定这方面的能力得到了足够的锻炼，也能让孩子充分感受到自己做决定所带来的成就感。

另外，孩子毕竟是孩子，来到人世间也就短短几载，当然有很多事情是他们所不知道的。如果在教孩子如何做决定的过程中，让孩子把所有的事情都决定了，反而不是一件好事。很可能就因为这个决定阻碍了孩子的其他可能性。长此以往，等到孩子长大成人，就会养成一种对于任何事情都不会自己做决定的坏毛病（但是，实际上，一味听从父母或者他人的意见，也算是自己的一种选择或决定）。

因此，父母要努力培养3岁孩子自己做选择决定的意识和能力，这对于培养孩子的独立能力是必不可少的重要环节。

父母在给出选项的时候一定要注意，首先要根据孩子自身的特点、能力以及孩子自己的期望来给出建议，然后跟孩子好好商量，让孩子自己去决定。

总之，要让孩子明白：不是父母想要他做决定，归根结底是他自己能独立做出选择。

培养孩子的自立能力

3岁的孩子已经开始有自我意识，并且独立性有了一定发展。好多事情他们都要求"自己来"，那么这个阶段让孩子学着"自立"，做一些他们能做的事情，对他们的自信心，自知智慧的培养都有推动作用。

1. 自己走路

结合儿歌，鼓励孩子多自己走。还可以带孩子到公共场所，看看别的小孩子是自己走还是妈妈抱着，问问孩子应该向谁学习，应该怎样做才是好的。

儿歌《我能自己走》：

妈妈，妈妈，你撒手，

我能自己走。

你看：

小鸟儿自己飞，

小狗儿自己跑，

小兔儿自己跳，

小鱼儿自己游，

我也能自己走，

妈妈，妈妈，你撒手，

我要自己走！

2. 自己的事情自己做

3岁孩子想要自己做事情，而且有的事情也能够自己做了，比如吃饭，喝水，大小便自己去找"盆盆"，穿一些简单的衣服等。

可以教孩子念念下面的儿歌，父母给孩子讲讲儿歌的意思，让孩子知道这么大的孩子应该能做些什么，自己能做些什么。要给孩子机会练习使用碗勺，以脱离奶瓶。

儿歌《我会我会》：

我会，我会，吃饭不用喂。

小勺自己用，饭菜吃进嘴。

我会，我会，不再用奶瓶。

端着小水杯，自己来喝水。

培养孩子的自理能力

3岁的孩子即将要踏进幼儿园，而踏进幼儿园，就是走进了一个小社会，就需要具备初步的社会适应能力。培养幼儿的社会适应能力，要从培养孩子的自理能力开始。

对于这个年龄阶段的孩子来说，比较基本的自理能力应该包括以下几个方面：

1. 吃饭的自理

当孩子能够用调羹吃饭时，就可以改用筷子了。开始他只能用筷子扒拉着饭入口，渐渐就学会用筷子夹菜，到4岁时就会自己挑戳了。

2. 穿、脱衣服的自理

3岁左右的孩子可以开始穿衣训练，先让他学穿无扣的衣服，然后学习解结扣子。为了使学习穿衣有趣而易学，父母不妨陪孩子一起玩穿外套的游戏，这里介绍一套口诀，在游戏中父母可以一边念口诀给孩子听，一边陪孩子练习：第一步，穿衣很简单，外套先放平。右领靠着我，袖子放两边。第二步，左手入左袖，右手入右袖。第三步，双手向上举，头儿微向前。往后翻筋斗，拉好即完成。

3. 个人卫生的自理

小孩子是很喜欢洗手的，父母针对这个特性可以教孩子自己洗手，刚开始时，训练孩子自己用流水冲手，并用毛巾揩干，逐步发展到用肥皂或洗手液洗手，自己拧干小毛巾来擦手。

在孩子牙出齐后，就可以教他刷牙，先不要用牙膏，漱口水也必须是开水或纯水，渐渐地使他养成早晚刷牙的习惯。在孩子学会吐漱口水之后，再在牙刷上放一点儿童牙膏来刷牙。可以让孩子学着洗一些小东西，如自己的袜子、手帕等。

陪孩子劳动，但不要为孩子代劳

父母可以通过给3岁孩子安排做一些简单的家务或其他孩子力所能及的事情，来培养孩子的生活自理能力。

如果父母与孩子一同做家务，不但可以培养亲情，还可以与孩子在劳动之中进行交流，让情感的纽带更加牢固。

父母在给孩子安排家务时，要尽量安排孩子能独立完成的工作或一两件父母与孩子共同来完成的工作。

在给孩子安排家务事之前，要征求孩子意见。让孩子做愿意做的事。只要有可能，就对孩子的主动精神给予鼓励与夸奖。

如果你的孩子想做某件事，而你认为这件事超出了孩子的能力，你可以把这件事分成几部分，然后让孩子去完成其中某一部分。当孩子在劳动中的能力增强时，可以把这件事完整地交给孩子做。

在孩子劳动过程中，父母不要为孩子代劳。父母代劳会增长孩子的惰性。比如，如果孩子没有将垃圾袋子倒掉，那就让垃圾袋子待在垃圾筐中好了，直到孩子把这些垃圾收拾干净。

鼓励孩子为父母做点家务

适当让孩子做一些力所能及的家务，是培养孩子从小爱劳动的好方法。这是因为3岁的孩子身体和手的基本动作已经比较自如了，能够掌握一些大动作和一些精细的动作，具有独立和不依赖的初步性格特点。因此，在日常生活中，成人不但要培养孩子的自理能力，还要积极鼓励孩子参与做一些家务。

以下这些家务可以鼓励孩子参与：

1. 孩子自己的事

如喝完牛奶或水后，鼓励孩子把杯子放到厨房去；吃完糖果或水果，把糖纸或果皮丢进垃圾箱里；要大小便了，学着自己拿便盆和脱裤子；整理自己的玩具，并放在固定的地方；自己搬小椅子坐等。

2. 帮助成人干点活

如将收下的衣服拿进房间；将掉在地上的东西捡起来；进门换鞋时，请孩子拿拖鞋；鼓励孩子一起做饭前、饭后的准备和收尾工作等。

3. 做一些孩子感兴趣的事

如擦地板、在园子里浇花、扫地等。

　　这些家务在成人的引导和帮助下，让孩子独立完成。贵在放手让孩子练习，不要怕他做不好，不要怕费时间，要有耐心，要让孩子在独立做的过程中学会，从中让孩子感受和体验到劳动的乐趣。这样，既满足了孩子的好动、好模仿的愿望，又锻炼了其勇气和意志。

放手让孩子学习生活技能

　　孩子3岁时，父母要开始培养孩子学习生活技能。每天的日常生活是培养孩子独立自理能力最好的练习机会，父母应放手让孩子自己做。

　　父母可利用各种玩具，创设条件让孩子学习各种生活技能，使枯燥的生活技能练习变得有趣，让孩子小肌肉活动更灵活。

　　如把饮料瓶剪个洞做成"瓶娃娃"，让孩子用小匙喂娃娃吃饭；把纽扣钉在长布条上，一条条连起来接成彩练；办家家游戏，让孩子给娃娃折叠衣服、穿鞋子、梳头发、夹发夹、晾衣服等。孩子在游戏中练习这种方式更易接受。

　　父母要为孩子提供易于操作使用的物品。孩子虽然什么事都想自己做，但毕竟能力有限，动作不协调，往往想做的事做不好，易产生依赖成人的习惯，这时父母不能因为他们做不好而代劳，剥夺其学习机会，而应该具体为孩子示范，并注意避免提供如紧身衣裤、系鞋带的鞋子、洞眼很小的纽扣等易给孩子的学习形成障碍的物品。当孩子感到自己有能力使用父母给他的物品时，学习的积极性就会提高。

父母要给孩子充足的机会，让他反复练习新近获得的技能，体验自主和成功的感觉。

如当孩子自己努力地穿衣服、吃饭、上厕所时，成人要给他们这个机会，保持足够的耐心去等待他们，并且对孩子的这种愿望表示支持和鼓励，使孩子体验成功的快乐。

总之，要让孩子尽快学会生活技能，父母就应用积极的态度去鼓励、支持孩子的活动，耐心地指导他们的学习，放手让孩子自己去做，这样孩子会成为小能人。

Part 5

3岁，孩子渴望与人对话

——如何培养孩子的表达能力

3岁孩子能认字吗

孩子早期能否认字，历来是个有争议的问题。

孩子的发展是千差万别的，父母应根据自己孩子的实际情况，选择适宜的方法进行认字的活动。如果孩子在父母的引导下，对识字表现出极大的兴趣，而且是在轻松愉快和各种各样的游戏中进行的，那么让孩子进行认字、阅读也不是一件坏事。

中国的汉字实质上是一个个的图形，如果3岁孩子已经能认清熟人的脸——最复杂的几何图形，并有一定的专注力，就说明孩子已经具备识字的基本条件了。这时的"识字"，只是一个视觉刺激的信号，和看一幅图画没有什么两样。结合孩子爱吃的食品、喜欢的玩具、周围的亲人，以及日常物品等进行无意识地学习，对于孩子而言，并非是困难的事。

况且，学习语言是一个循序渐进的过程。认识了汉字，并不等于掌握了这些字的意义、各种用法，以及能流利地进行书写和与人交际。

早期学会识字、阅读的孩子上学后，当别的孩子还在与生字打交道时，他却能有机会透过字里行间去探求理解字词的含义，从而更加激发其求知欲。因此，关键还是在于父母如何正确地引导和因材施教。有一位学者讲得好：早期教育应像春风拂过大地那样自然。

孩子识字从何时开始

在1991年5月北京国际汉字研究会举办的幼儿识字成果汇报会上，越来越多的实验证明，鉴于汉字的基本特点和婴幼儿特殊的认识规律，识字的最佳期是在1~3岁，认物识字几乎可以同时起步，说话阅读能够并行发展。

那么，为什么1~3岁的孩子处于识字最佳期呢？

1. 4岁前的孩子处于"无选择探求期"，认物识字一样容易。此年龄段孩子眼里不分物和字，他们不加分析，没有好恶之分，仅凭"印象记忆"就能像认物一样识字。例如：成人既让孩子看家中的门，又让他看挂着的"门"字，然后问孩子"门在哪儿"，孩子会指实物和汉字。

2. 4岁前的孩子识字不需要同时理解字义和学会书写，认物识字一样简单。此年龄段孩子对世界万物的认识，最初都是先记忆后理解，根本不听解释，只凭逐步地情景领悟，而后理解字义也就水到渠成了。因此，幼儿识字的乐趣在于识字的外在活动过程和接触字音、字行的本身，成人无须硬要孩子读音、字形、词义、书写"四会同步"，只要孩子喜读、喜认即可。

3. 印象记忆的特点使孩子识字不分繁与简，有利于获得"识字敏感"。实践证明，笔画繁多，形象复杂的字体，印象记忆反而深刻，如："雨"字比"之"字更易记住。同时，早期识字，提前阅读更利于使孩子获得"识字敏感"。形成这种敏感，孩子识字就"自觉化""自动化"了，自学能力培养也由此起步。

总之，只要引导得法，孩子会毫无负担和压力感，轻松地在两三年之中，进入简单的自我阅读阶段。

聪明的孩子会有语言问题吗

语言，是儿童智力的第一因子，无论孩子聪明与否，都有可能发生语言问题，如口吃、口齿不清，甚至不爱说话。出现语言问题，对于一个智力发展正常的孩子来说，一般存在两种可能：一是心理障碍，如孩子突然来到陌生的环境，语言不同造成交流障碍等。二是生理发育存在不足，如发音器官发育迟缓等，都会引发语言问题。

如果孩子有语言问题，除及时就医外，父母还应积极帮助孩子。因为在婴幼儿时期，尤其是3岁，是儿童学说话积极性高涨的时期，此时他们具有很强的接受语言的能力。要是错过这个时期，无论对孩子交流表达能力的发展，还是对其今后的健康成长，都会产生不可弥补的损失。

如何来帮助已发生语言问题的孩子呢？

首先要消除孩子的紧张情绪，不要责打、嘲笑、模仿。最重要的一点是先引导孩子慢慢地说话，暂时不要用地方方言说话，改用普通话。

另外，父母的正确发音也是重要因素。3岁左右的孩子虽已学会说话，但还不能正确地发出全部语音。他们往往对某些相似的语音分辨不清。这时，有的孩子说话很轻，常用点头、摇头、摆手或用其他手势表达意思。

究其原因是多方面的，有的是因为大脑对语言的分析能力不强，更多的是由于孩子所处的环境中，人们错误的发音（包括地方口音）及成人出于好玩，有意模仿孩子不正确的发音对他们的影响。

对于不同情况，父母都要针对实际加以纠正。对于胆小的孩子，要鼓励他们大胆响亮地说话，改变用点头、摇头、做手势代替语言的习惯。

在和孩子相处时，父母要善于和孩子建立感情，在自然气氛中说话，使他感到轻松，愿意说，并不断得到训练说话的机会。

作为父母，自己的语言必须注意规范化，语音、用词都应成为孩子学习的榜样。

幼儿语音教育宜早不宜迟

语言之所以能被人们感知，主要是因为有了语音，语音是语言的物质外壳。当一个孩子掌握了字词的正确发音，才会对字词进行正确地辨认、理解、运用。然而，有不少的成人知道要教孩子说一些规范的词语，但不是很重视幼儿的语音教育。有的还会对孩子说出的含糊不清的"含糊字"表示认同，甚至笑着重复这些"含糊字"。

殊不知，3岁幼儿期是掌握语音的关键期，这种做法将有可能使幼儿不能清楚、准确地表达自己的思想，影响幼儿运用语言与他人进行交往；甚至有可能延迟或阻碍幼儿掌握正确的语音，影响幼儿语言能力的发展。

所以，抓好3岁幼儿的语音教育至关重要。那么，应该如何进行语音教育，如何教会幼儿正确地发音呢？

首先，要根据幼儿听音发音器官的发育特征，进行有的放矢的语音教育。

3岁的幼儿，随着听音发音器官的发育、大脑语言中枢的日益成熟，言语发音机制开始逐渐地完善和稳定，幼儿的发音水平呈提高的趋势。但这时的幼儿语音听觉分化能力还比较差，还不能清楚地分辨语音的细微差异。所以应以听音和发音练习为主，要注意训练幼儿的听觉器官，培养幼儿的听音能力，让孩子学习清楚准确地发音。

其次，可以在日常生活中采用念儿歌、做语音游戏等方法，让幼儿逐步学会清楚、准确地发音，提高幼儿的语言表达能力。

如果一味地、机械地让幼儿进行发音练习，那么将会使幼儿感到枯燥乏味，将会降低幼儿语言学习的积极性。所以，在日常生活中要采用多种形式进行幼儿语音教育。一种是结合幼儿实际生活随机示范的方法，如：当3岁幼儿看到小鸡说"小东鸡"、看到汽车说"小计车"时，成人就应及时地给予纠正和示范正确的发音"小公鸡""小汽车"。

此外，要教会幼儿正确地发音，成人还可通过形象化的讲解，让孩子在看、听、说（练）中，逐渐掌握正确发音的部位和方法。总之，想让孩子清楚准确地发音，并非一朝一夕之事，需要一段时间的努力。相信日积月累，必见成效。

带孩子走走看看、听听说说

我们的生活充满着形形色色的事物和声音。

3岁以后的孩子基本上能够走路了，活动范围比以前大了许多，成人可以带他们到各处走走，让他们接触更多的事物和声音，丰富他们的感观刺激，为他们的听说提供更多的素材，比如可以领孩子去公园玩。

父母可以牵着孩子一起走，领着孩子看、听、说。

看到大树时对孩子说，"宝贝看看这是什么呀？这是树。你看高高的树干，绿绿的树叶，多好看啊！"

"大树的底下是小草，密密的，你看草是什么颜色的呢？对了，是绿色。"

"咦，这里又是什么？这么漂亮！这是花。你看有红色的花、黄色的花、紫色的花。是不是？种在这里多好看呀！"

"宝贝看，那里有只小鸟，那是什么鸟？是小喜鹊。小喜鹊叫起来可好听了。"

"宝贝，走累了吗？我们到前面的亭子里歇歇吧。你看那个小亭子，红色的柱子、绿色的檐，多好看呀，里面还有石头的桌椅呢。我们进去坐坐吧。"

"这里已经有人在休息了，宝贝问爷爷好，哦，还有一个小姐姐。你们一起玩会儿吧！"

3 岁孩子能跑能跳了。再带孩子去公园玩儿，就可以让孩子自己到处走走，然后"汇报"一下他／她的所见所闻。

另外生活中还有好多这样的教育机会，父母只要做个有心人，与孩子一起看看、听听、说说，孩子的语言智慧肯定会发展得很好。

再忙也要陪孩子聊聊天

3 岁孩子对语言的兴趣增加，词汇量也有很大发展，这时候，他们能与成人进行简单的交流了，父母需要做的就是平等地对待他们，真诚地与他们谈话。

父母平时工作再忙，下班回家后也要抽出点时间来陪孩子聊聊天，和孩子进行交流，这不仅有助于培养孩子的说话能力，也能够加深父母与孩子之间的感情。

大部分时候需要父母提问，引起一些话题，有时候孩子自己会提出一些话题，父母这个时候就需要抓住机会，让话题继续进行下去。

父母下班回家，可以问问孩子一天都做了些什么，是否过得

愉快。

爸爸／妈妈：宝贝，爸爸／妈妈回来了！

孩子：爸爸／妈妈。

爸爸／妈妈：哎！好孩子。你今天在家都干什么了？给爸爸／妈妈说说，好不好？

孩子：看猫猫（动画片《猫和老鼠》）了。

爸爸／妈妈：哦，你看小猫和小老鼠了呀，那今天是小猫欺负小老鼠还是小老鼠欺负小猫了？

孩子：老鼠打猫。

爸爸／妈妈：是吗？老鼠怎么打猫呢？

孩子：小老鼠推盘子，盘子掉到地下了，然后就砸到猫了。

爸爸／妈妈：哦，这样啊。那小猫受伤了没有？

孩子：没有，它，然后就开始，追小老鼠了。

怎样与孩子进行有效的交谈

孩子的语言是在与人的交流过程中获得发展的。父母想要孩子的语言获得良好的发展，就应该多和孩子交谈。

怎样和孩子交谈才有效呢？父母可参考以下几点：

1. 利用孩子熟悉的生活环境、事件，使孩子易于理解成人的

语言。如家人上班时，让他用动作或语言表示"再见"。在外面散步时，看见小猫、小狗，就告诉他小动物的名字等。父母应尽量使语言与具体的事物相联系，这样有助于孩子的理解。

2. 父母应面对着孩子说话。孩子学说话是从模仿开始的，当成人面对着孩子时，孩子有机会看见成人说话时的口型、表情，听见成人发出的语音，这样有助于孩子进行模仿。

3. 成人应使用正确、规范的语言，而不要用"儿语"与孩子进行交谈。

4. 与孩子的交谈应是轻松、愉快的。游戏时、散步时、玩玩具时都是与孩子进行交流的好时机，而且在这样的气氛中，孩子也比较愿意接受成人的"指导"。

给孩子讲讲故事

讲故事是最古老而又最动人的语言艺术，它可以给孩子创造适宜的语言学习的环境，激发他们倾听语言、理解语言的兴趣，培养他们持久的注意力，并且父母在给孩子讲故事的时候传递的不仅仅是故事本身，还有父母对他们的爱，这些都会让孩子感受到幸福，获得情感上的愉悦和满足，对他们的良好性格的养成有很积极的作用。

　　3岁的孩子，有了一定的理解能力和词汇量，爸爸妈妈可以给孩子选择一些好的传统故事、现代故事、翻译故事，甚至可以自己根据孩子的情况自编故事。

　　在给孩子讲故事的时候，爸爸妈妈最好能够表情丰富，语音语调随着情节的变化而有所变化，让故事充分地感染孩子。遇到一些孩子平时没有听过的词语，一定要给他们解释清楚，让他们能理解词语和故事，并增加词汇。

故事范例：慢慢长大的小蘑菇

　　这一天小蚂蚁遇上大雨，往哪里躲呢？他见附近有个蘑菇，就把它当雨伞。

　　雨越下越大。一只蝴蝶爬过来，对小蚂蚁说："你看我身上全淋湿了，飞不起来了，让我也在这儿避避雨吧？"

　　小蚂蚁回答："哪有地方呀，光我自己还嫌狭窄呢！"

　　蝴蝶说："挤一点没关系，还暖和呢！"

　　于是，蘑菇伞下添了一只蝴蝶。

　　雨下得更大了。一只小老鼠路过，也要求挤一挤。

　　小麻雀也要来躲雨。

　　最后来了一只小兔子。他说："有狐狸追我，我得在你们这

里躲一躲。"

大家可怜小兔子，也给他让了地方。

狐狸果然来了。他问："你们有没有看见一只兔子？"

大家齐声回答："没看见。"

狐狸靠近他们闻了闻，问："他没有藏在这里？"

大家回答："哪有地方呀？"

狐狸摆了摆尾巴，走了。

雨停了，太阳出来了，大家都走了出来。

小蚂蚁说："原来这地方只有我自己还嫌小，后来加了四位，地方也还不挤。这是怎么回事？"

一直在蘑菇顶上蹲着的小青蛙哈哈大笑。他说："小蚂蚁，你干吗不抬头瞧瞧替你挡雨的伞？"

啊，小蘑菇在大雨中已经悄悄地变成了大蘑菇！

跟孩子一起读儿歌和古诗

儿歌是民间文学和儿童文学的一种类别，古诗是我国的传统文化，它们的共同特点是形式简短、寓意丰富、节奏感强，读起来朗朗上口，3岁的儿童处于对语言的好奇阶段，这种学习语言的形式最为适合。父母可以选择一些简明易懂、生动有趣的儿歌

和古诗念给孩子听，或是陪孩子一起读，以培养孩子的语言感知能力和表达能力。

儿歌范例一《小溪》：

小溪水，哗啦啦

过平地，穿山崖。

"小溪，小溪，你去哪？"

"我去大海找妈妈。"

儿歌范例二《小白兔》：

小兔子，穿白袍，

眼睛好像红葡萄。

喜欢跑，喜欢跳，

爱吃萝卜和青草。

古诗范例一《咏鹅》（骆宾王）：

鹅、鹅、鹅，

曲项向天歌。

白毛浮绿水，

红掌拨清波。

古诗范例二《静夜思》（李白）：

床前明月光，

疑是地上霜。

举头望明月，

低头思故乡。

古诗范例三《春晓》（孟浩然）：

春眠不觉晓，

处处闻啼鸟。

夜来风雨声，

花落知多少。

与孩子一起做语言游戏

3岁的孩子尚处于语言发展的初级阶段，要想让他们快速地学习语言、使用语言，还要进行一些游戏，以激发孩子学习语言的兴趣，掌握一些句子。

1. 说悄悄话

3岁时孩子能分辨不同人说话的声音和同一人的不同语调，父母可以通过这个游戏，锻炼孩子听话、传话的能力，并激发说话的兴趣。这个游戏需要父母都参加，妈妈先跟孩子说悄悄话，然后让孩子小声告诉爸爸，妈妈问爸爸刚才说的是什么，判断孩子是否听懂了，并且传达得是否正确，然后继续游戏。这时的孩子要听懂耳语，只靠听觉而没有其他辅助途径，是有一定难度的。开始游戏时，妈妈要先说孩子感兴趣的短句，让孩子一次传话成功，增强信心，增加兴趣。然后再逐渐加长句子，由易到难。

例如：

妈妈："宝贝，我对你说句悄悄话，想听吗？"把孩子叫到妈妈身边，在孩子耳边小声说："小猫，喵喵喵！"

爸爸："宝贝，爸爸也想知道妈妈跟你说什么了，告诉我好吗？"

孩子告诉爸爸的话如果正确，就要及时夸奖孩子，然后妈妈逐渐增加难度，如"我喜欢小白兔""小鸡和小鸭是好朋友"等，继续进行游戏。

2. 造句游戏

孩子快3岁的时候，可以用生活中的物品练习造句，这种形式简单、实用，既培养了孩子的语言表达能力，又培养了他们爱动脑筋的好习惯。游戏可以由浅入深，还可以变换多种玩法，开始可以用家中的东西来造句，逐渐可以用一些优美的词汇造句。

例如：

爸爸／妈妈：爸爸／妈妈和你玩一个用词说话的游戏。我先给你做个示范，我们把"三轮车"放在句子中说："你的三轮车很漂亮。"该你了，宝贝。

孩子：我在骑三轮车。

爸爸／妈妈（伸出大拇指鼓励）：说得好！我们再用"电视"说句话。

孩子：我正在看电视。

爸爸／妈妈：好！再用"门"说一句。

孩子：我开门。

这样家里的物品都可以拿来造句。对孩子的造句要给予积极的反馈。如果有些错误也要先肯定孩子积极思考，然后再指出错误。教孩子正确地造句，这样才能让孩子有成就感，喜欢说话造句。

亲子共读，手把手教孩子学语言

3岁时，孩子已经开始会翻书了，他们对书上的一些图画和文字已经有了兴趣。他们可以从左到右翻书，并能指认书上的一些物体了。这时父母可以给他们买一些适合阅读的图书，跟他们一起读。这个时候读书重点不在识字，学知识，而在于培养孩子对语言、对书籍的兴趣和良好的读书习惯。

1. 选择读物

应该给孩子选择什么样的图书呢？这可能是父母最为关心的问题。我们赞同多罗西·怀特所说的，图画书是孩子们在人生道路上最初见到的书，是人在漫长的读书生涯中所读到的书中最最重要的书。一个孩子从图画书中体会到多少快乐，将决定他一生是否喜欢读书。儿童时代读书的感受，也将影响他长大成人以后的想象力。所以我们要推荐给父母的就是图画书。画面生动、色彩艳丽的图画对孩子有莫大的吸引力，能激发他们读书的兴趣。

2. 亲子共读

我们提倡父母和孩子一起读书，读书过程中父母可以教孩子正确的读书姿势、翻书的顺序、看图画书的过程，可以将图中的事物与语音和字对应上，让孩子喜爱读书。同时父母和孩子一起读书还能够增进感情，让孩子能快乐地发展。

例如：

爸爸／妈妈：宝贝啊，翻书的时候是有一定顺序的，要从左向右，一页一页地看。你看第一页，画的是什么？

孩子：猫猫。

爸爸／妈妈：猫猫啊。猫的眼睛呢？鼻子？嘴巴？……（让孩子指认）现在爸爸／妈妈来指，孩子来说好吗？（孩子跟着爸爸／妈妈的于指来说出名称。）

爸爸／妈妈：宝贝真棒！都说对了。你再看看，猫在哪里呢？（引导孩子描述图中的场景。）

让孩子在交往中练习说话

现在每个家庭一般只有一个小孩子，跟孩子交流的也仅限于家里的两三个人，父母可能会觉得累，而且有时候并没有那么多话说，这个时候就要将孩子带出去，找朋友或邻居，让孩子能够接触更多的人，跟更多的人交流。当然这里也包括给孩子找一些小伙伴，他们在一起会说得更开心，玩得更快乐。多跟别人交流，除了能让孩子更快地学习和掌握语言，更重要的是能够培养孩子良好的性格，发展他们的社会性。

父母带孩子一起去交往时，应告诉孩子人们都是喜欢孩子的，想和孩子做朋友，一起玩耍，所以，别人问话时要回答。另外教孩子说一些问候语，诸如"您好""再见""谢谢""对不起"等。时间长了，孩子与人们熟了，便会轻松地与他们交谈了。

3岁时，孩子能使用简单的手势和语言，有效地与人进行交流，此时就更需要父母提供更多的机会，让他们通过与别人交往来练习口语。

Part 6

3岁，孩子期望有个好玩伴

——如何鼓励孩子交往发展朋友

玩具能代替同伴吗

玩具陪伴孩子一同成长，它带给孩子的不仅是快乐，因孩子在玩玩具过程中不断地探索、积累、发展，玩具还使他们变聪明、变灵活。由于孩子的思维是直观的，常常通过玩具才想玩游戏，如看见小汽车会当小司机，看见布娃娃会做娃娃家等。玩具在孩子成长中的意义重大，是孩子生活中不可缺少的组成部分。

但玩具绝对不能替代同伴。3岁孩子缺少与同伴交往的机会，只与玩具相伴就会处在不真实的世界里，交流是单向的，没有回应的，长此以往，孩子性格发展就有缺憾，容易任性、内向、孤僻，不易被他人接受。

孩子与同伴交往有其独特的作用，同伴是孩子行为、语言等方面学习的榜样，孩子在与同伴的交往中，学会的是社会性交往能力，尝试调整自己的行为，主动适应并融入社会环境之中。而这一切是玩具无法具有或替代的。如经常跟大方、大胆的儿童在一起，孩子也会以此标准衡量自己，并获得同伴认同，形成自我尊重的基础；在与同伴互动过程中，会认识到别人的观点、需要，学会了解别人、理解别人，约束自己的不合理行为；在成长过程中，孩子还会有许多困惑、烦恼、焦虑，在父母处可以得到宣泄，在同伴处也可宣泄。

现在的孩子都是独生子女，家庭中原本就缺少玩伴，缺少与同伴沟通的机会，父母应该通过多种途径加以弥补，而不能让玩具替代同伴，导致孩子一系列社会性交往问题行为的产生，为一生发展带来遗憾。

孩子害怕陌生人怎么办

随着孩子和母亲之间依恋关系的建立，随着孩子逐渐能够分清楚谁是陌生人谁是熟人，陌生人的出现往往会让小孩子感到焦虑、恐惧和不安。

比如，当小孩子正玩玩具的时候，一个陌生人的出现就会让小孩子的脸变得很紧张，甚至会哭闹起来。一些研究都表明，7个月左右，小孩子就会表现出怕生的现象了，到了3岁仍然会出现怕生现象，3岁以后才会逐渐好转。而怕生、不敢与人交往，这种行为的出现会严重影响孩子与他人的正常交往，影响孩子良好社会性的发展。

为此，日常生活中，父母应积极关注孩子身上是否出现这种现象，并采取相应的措施帮助孩子克服。父母们可以这样做：

多带孩子出去，认识更多的人，丰富孩子的交往经验。这样，见得多了，自然就不会害怕。

有陌生人在的时候，父母可以在一旁引导谈话，让孩子感受到一种安全感。同时，鼓励孩子和陌生人交流，多让陌生人朝孩子微笑，热情地打招呼等，消除孩子恐惧、不安的心理。等孩子和陌生人逐渐熟悉起来，父母可以把谈话主动权交给孩子，给孩子独立交往的机会。

平时要注意培养孩子养成独立勇敢、积极乐观的良好品质。

培养孩子主动交往的态度

积极主动地交往是获得信息和在交往中掌握主动的重要条件。培养3岁孩子主动交往的品质，有助于孩子树立乐观的态度和悦纳自我的心态，能主动地介绍自己和充满热情地与人交往。

鼓励孩子主动和人打招呼。如出门看到熟悉的人，就可以鼓励孩子主动问好。在得到父母以及别人的夸奖后，孩子一般会很乐意这样做。

鼓励孩子主动认识别的小朋友。如在户外玩的时候，鼓励孩子主动邀请别的小朋友一起拍皮球、跳跳绳。父母可以在自己的社区范围内，给孩子自由交往的条件和自由选择玩伴的时间。

鼓励孩子主动拜访。妈妈可以带着孩子主动地拜访亲戚、邻居，探望医院的病人。

交往中要让孩子懂得主动地探望他人，是受人欢迎的。如在拜访之前，可以告诉孩子："我们今天要看阿姨去了，先不告诉她，给她一个惊喜好不好？"让孩子知道，主动探望、拜访别人会带给自己快乐，也会让别人快乐。

鼓励孩子认识新朋友

同伴交往是孩子整个社会交往系统中的重要组成部分，也是培养孩子交往智慧的一个重要内容。多让孩子和同伴交往，可以促进他们社会交往技能以及良好个性品质的发展，同时，同伴也是孩子的一个重要的学习伙伴，同伴学习比成人的教导更为有效。

所以，父母应积极鼓励孩子和小伙伴交往，和小伙伴一起玩，促进孩子交往智慧的健康发展。

1. 带孩子走出高楼，认识新朋友

现代社会高楼林立，人们进入自己的家庭小环境之后，就很

少与外界接触和交流，邻里之间，甚至共处了几年之后，都没有说过话、打过交道。这样导致的一个结果是，幼儿整日接触的是父母等成人，因而缺少了与同龄伙伴之间的嬉戏和玩耍。

为此，父母应彻底改变这种做法，多带孩子走出家庭，走出高楼。平时，父母可以在晚饭后，带着孩子在自己生活的社区广场内，或在比较近的公园内，让孩子接触更多的同龄伙伴，让小伙伴之间互相抱一抱，拉拉手，摸摸小脸蛋，促进孩子和同龄伙伴之间的交流和玩耍。

游戏范例——找朋友：

> 找呀找呀找朋友，
>
> 找到一个好朋友，
>
> 敬个礼，
>
> 握握手，
>
> 你是我的好朋友，
>
> 再见！

当孩子遇到新伙伴的时候，父母可以一边念儿歌，一边鼓励孩子和小伙伴做动作，比如敬礼、握手、挥手再见等。

2. 和小伙伴一起玩

公园里，鼓励孩子和小伙伴一起玩耍、嬉戏，比如，可以让两个小伙伴一起给鸽子喂食吃。

让两个小伙伴比赛赛跑，两个妈妈站在终点，看谁能先跑到妈妈身边。

孩子学骑自行车、学滑滑板车时，让两个小伙伴互相帮助，共同进步，兴致会特别高。

引导孩子学会介绍自己

3岁的孩子理解了一些符号和自己的关系后，让孩子亲自介绍自己，这样能强化他／她的自我意识。

1. 自我介绍

自我介绍的对象可以是家人，可以是邻居，也可以是小伙伴。训练孩子介绍自己，开始可能只能零星地说一些自己的信息，等到孩子习惯了这种形式，他／她就会"系统地"介绍自己了。

介绍自己的内容可以是：大名，小名，几岁了，在哪栋房子里住，最喜欢哪个人，自己平时爱做什么，喜欢吃什么东西，喜欢玩什么玩具或游戏，会唱什么歌曲……

2. 自画像

有时候孩子不一定能够说得很清楚，画也许能帮助他们厘清自己的思路。爸爸妈妈可以一起帮助孩子画个自画像。以后介绍自己的时候，可以拿着这个边看边说。

画面上可以将孩子放在中间，旁边画爸爸妈妈、孩子的玩具、小伙伴等，让孩子知道，自己与这些人和事是有紧密联系的。

为孩子创造与人接触的机会

都市的生活状态使人与人之间的交往大大减少，对于孩子来说，跟别人接触已经不是那么容易的事情了。所以爸爸妈妈要给孩子多多创造一些与人接触的机会。让孩子在实践中获得交往技能。

1. 做客

做客和在家中接待客人一样，是很好的人际交往的机会。孩子可以了解自己家以外的环境，了解别人的生活方式，知道怎样在新的环境中和不熟悉的人打交道，培养孩子积极交往的态度，增强他们对环境的适应能力。

父母要有意识地培养孩子与人交往的能力。3岁左右的孩子认生，怕去陌生人家，爸爸妈妈在做客之前可以嘱咐孩子，不要害怕，叔叔阿姨都喜欢孩子，还有怎样与叔叔阿姨问好。到了人家门口，应引导孩子大胆大方地走进去，相信孩子看到热情善良的主人，会放松很多，做客的次数多了，也就习惯了与人打交道。

可以为孩子选择去一些有同龄孩子的朋友家做客，这样对孩子来说更有吸引力。

2. 买东西

买东西时，可以带着孩子，让孩子亲自把钱交给售货员。还可以直接让孩子来告诉售货员要买什么，喜欢哪个，请售货员把东西拿来，问问多少钱等。

让孩子和小伙伴一起玩游戏

3岁时，孩子基本能利索地走路了，也会说一些话了，多带他们出去走走，看到小区里的小伙伴在玩耍，就让孩子也加入进去。孩子一直由家人带着，可能开始并不敢与小伙伴玩，父母可以先带着孩子一起参加，等孩子与小伙伴熟了，自然就不会害怕了。

父母可以让孩子主动介绍自己，也认识一下小伙伴。开始孩子可能觉得不知怎样加入，父母要告诉孩子，小伙伴都是热情的，喜欢和孩子玩儿的，用鼓励的眼神和话语让孩子加入到小伙伴的游戏中。这个年龄的孩子会很快地与小伙伴"混熟"，不多久就会有固定的玩伴了。

如果有几个小朋友，可以玩"找朋友"这类的游戏，爸爸妈妈可以加入，跟孩子一起唱歌，一起游戏。

"找呀找呀找朋友，找到一个好朋友，敬个礼，握握手，你是我的好朋友，再见！"

在歌声中，小朋友可以两两结对，互为好朋友，也可以大家围成一圈，由一个小朋友来找，然后大家轮流来找。

孩子只顾自己玩怎么办

现在的孩子大都是独生子女，在家中，他们平时总是一个人独自玩，父母与孩子一起玩的时间不多，只要孩子一个人在那里安静地玩，就觉得孩子很乖。独自玩、自言自语表现了婴幼儿的年龄特征。3岁的孩子社交范围扩大了，从家庭成员到周围的小朋友，开始认同、接纳同伴，但并不能与同伴协作，喜欢模仿别人，看见别人玩什么，自己也玩什么，往往是各玩各的，到了3岁以后才逐步学会和同伴分享玩具。

有的孩子与小伙伴在一起时，只顾自己玩，不愿和别人玩，其原因有：

1. 心理因素

可能是孩子的情绪不稳定，有强烈的情感依恋，使孩子紧张不安，说话有压抑感。针对这种情况，应当创设一个宽松愉快的环境，多给孩子一份亲情，因为良好的心理环境，潜移默化地影响着孩子的性格，能激发孩子大胆、主动地交往，共同参与游戏和共享玩具。

2. 家庭环境

家庭生活环境会带给孩子很大影响，因此父母热爱孩子，除了尊重孩子的人格，不随便刺伤孩子的心灵外，还要鼓励孩子结交朋友，积极参与集体活动，经常邀请邻居、朋友的孩子来做客。每天到幼儿园接孩子时，正是孩子情绪最好的时候，可以向孩子问一些"谁是你的好朋友？""今天你玩了什么？"等问题，这样就能促进孩子和别人一起玩。

鼓励孩子邀请小朋友到家做客

父母要积极培养3岁孩子的交往能力，给孩子足够的自由交往的时间和机会，让孩子有更多的朋友。

鼓励孩子结识小朋友，以及与小朋友和睦相处。

让孩子在家庭附近自由地和小朋友玩耍、游戏。

帮助孩子选择朋友，让孩子结合自己的看法和父母商量："什么样的小朋友是值得交往的？"让孩子获得择友的智慧。

让孩子将好朋友带回家，让孩子介绍自己的好朋友，父母应给小朋友热情的接待。

鼓励孩子邀请小朋友到家中聚会，和孩子一起布置他们喜爱的玩具，放着他们爱听的儿歌，做他们爱吃的菜，让他们一起参与到家庭的活动中来，一起洗菜，一起包饺子，一起吃饭，一起收拾餐具。

父母要给孩子们充足的时间自由地游戏，等他们玩累了可以和他们谈话，"今天玩得高兴吗？喜欢的话我们以后还可以这样一起玩！"让孩子体会共同玩耍和交往的快乐。

培养起孩子交往的兴趣，尊重孩子的朋友，支持孩子和朋友交往，使孩子有一个宽松的心理去接纳别人的友谊与帮助，有利于建立信任和谐的亲子关系。

让孩子有更多的朋友，拥有充实的精神世界，融入同龄人的社会，赢得小朋友的信任和尊重，这些都是孩子心理健康发展所必需的。

孩子选择玩伴，父母不能包办

孩子总是活泼好动的，他们除了玩具，也需要有人和他一起玩。到了3岁，孩子更需要和同伴一起玩。有些父母并不理解孩子的需要，他们以为，让孩子在自己的家里，给许多玩具，或者自己陪在一旁，孩子就会满足。但是，孩子天生就有合群的需要，他需要玩伴，就像需要游戏一样重要。

由于孩子个性各异、能力不同，因而行为表现也各不相同。有的父母出于种种原因，会为自己的孩子选择玩伴。如晶晶的外婆喜欢比较每个小伙伴，她说伟伟太调皮，安安不活泼，小健容易打人，而小力的家里玩具少，总拿晶晶的玩具玩。这样，可以和晶晶一起玩的小朋友就没有了，外婆只好让晶晶在家里玩，也只有外婆陪伴晶晶一起玩。令外婆没有想到的是，当晶晶看到其他同伴时，马上和他们玩了起来，而且小朋友们玩得兴高采烈，中间也有争夺玩具，也有拿不到玩具推人的，但是他们没有分开。等到外婆叫晶晶回家时，晶晶一百个不愿意，外婆哄了好久，才把晶晶带走。

孩子选择玩伴，自然有他们自己的标准和办法，他们并不以成人的想法行事，父母不必越俎代庖。

教孩子学会与人交往的礼貌

一个懂礼貌的人在人际交往中会比较顺利，而且受到欢迎。

对于3岁孩子来说也同样，懂礼貌能使他们更招人喜欢。但是父母要正确认识礼貌教育，对孩子的礼貌教育不仅仅是几句礼貌用语，而是要让孩子真心喜欢、关心周围的人，让别人感觉到自己是一个善良真诚的人。

　　父母需要让孩子学会一般礼貌用语，更要让孩子了解人们使用礼貌用语的目的。比如，人们见面要说"你好！"，是为了询问对方生活得好不好，也是对对方良好的希望和祝愿。听到问候的话，对方会表示感谢，也真心地发出问候。大家都很热情礼貌，就会有一个良好的交往氛围。

　　另外，父母最好是让孩子在生活中感受成人的热情和礼貌，对待孩子也要像对待一个独立的人那样，经常跟孩子问好，让孩子帮忙就要说"请"和"谢谢"，做错事情就要勇于向孩子说"对不起"，这样孩子在耳濡目染中，自然就变成一个懂礼貌的小孩子了。

启发孩子学会关心他人

　　父母要让孩子知道世界是由很多很多人组成的，除了孩子和爸爸妈妈以外还有许多的人，人们友好地相处才使这个世界变得像个大家庭。要让孩子懂得，对于他人，你需要学着体会他们的情绪，关心他们的生活状况，这样逐渐会形成良好的人际交往关系。

　　3岁孩子最喜欢听故事，借助故事来对孩子进行教育是再好不过的方式了。尤其是人际交往方面的教育，不能说教，只能让孩子产生情绪体验才会达到好的效果。父母可以选择一些交往方面的小故事，讲给孩子听，让孩子感受故事人物的情绪，感受怎样的交往才是好的。

故事范例：

小鸭子和小花猫

绿绿的草地上开着小花，一只戴着漂亮帽子的小鸭子正在小路上走着。一阵大风把小鸭子的帽子吹到树上了，小鸭子怎么也爬不上去，拿不到帽子，很着急。这时他看到小花猫经过，便向她求助，"小花猫，我的帽子让大风吹到树上了，请你帮我拿下来，好吗？"小花猫摆摆手说："不行不行，我还要去玩儿呢，没工夫。"说着就走了。

又一阵风吹过，把小花猫的帽子吹到水里了，小花猫不会游泳，拿不到帽子，急得直哭，这时，小鸭子跳到水里帮小花猫把帽子捡了回来，当小鸭子把帽子交给小花猫时，小花猫脸红了。

故事讲完了，和孩子一起讨论：小花猫为什么脸红了？如果你是它会怎样做？故事里谁该受到表扬？孩子要向谁学习？

小兔子找家

一只小兔子在森林里迷了路，森林里又静又黑，小兔子害怕极了，大声哭了起来，哭声传出了好远好远。小松鼠听到了哭声，找到小兔子说："别哭，别哭，我来帮助你！"小松鼠唱歌给她听，小兔子不再害怕了。

萤火虫听到了哭声也说："别哭，别哭，我来帮助你！我来给你照亮回家的路。"小兔子看到小伙伴都这样帮助她，就停止了哭泣，笑着对她的朋友说："谢谢你们，我不害怕了。"然后跟在萤火虫后面，跑呀跑呀，回到家里，回到妈妈的怀抱。

这个故事，让孩子感受人与人之间要互相关心，互相帮助，并且要礼貌交往。

教孩子学习人际协商技能

协商是人际交往智慧中的一个重要技巧，如果能很好地运用可以给自己带来更多的方便。对于3岁的孩子来说，学着协商，对今后的幼儿园生活是有很大好处的，他／她能比其他孩子更快更好地适应幼儿园生活，也能在幼儿园中体验到更多积极的情绪。

爸爸妈妈在生活中应该注意培养孩子协商的技能。比如，爸爸正在看电视，孩子的儿童节目开始了，这时应该怎么办？

妈妈要引导孩子跟爸爸商量解决，而不是所有的人都由着孩子，想做什么就做什么。

孩子：我要看《天线宝宝》。

妈妈：可是现在爸爸正在看电视呢，怎么办？

孩子：我要看嘛！

妈妈：如果你这时候换台，爸爸就看不成了，他会难过的。

孩子：嗯。

妈妈：不过，你可以跟爸爸商量一下，如果他同意了，就不会难过了，你也可以看了。好不好？

孩子：好。

妈妈：你可以跟爸爸说，你每天都连续看《天线宝宝》的，现在要开演了，可不可以让你先看一会儿？

妈妈可以教孩子一些跟别人商量时的态度、口气和话语等。爸爸当然也要配合了，让孩子知道协商是一种非常管用的解决问题的方法。

培养孩子与人合作的能力

现在的人际交往中，合作已经成为一个重要的内容，没有合作意识和能力的人会被社会所淘汰。而我国的现实是，独生子女不会合作，难以合作。所以，孩子合作能力的培养就愈显重要和迫切。对3岁的孩子，父母要通过各种方式来培养他们的合作意识和合作能力。

我们可以从故事《拔萝卜》中体验合作的力量。

萝卜熟了，老公公想把它拔出来了。可是自己拔了好久也没有拔出来。于是他找来了老婆婆，两个人又拔了很久，萝卜还是纹丝不动。老婆婆只好又叫来了小姑娘，三个人一起拔，但是萝卜只动了一点点，还是没有出来。然后小姑娘找来小花狗，小花狗找来小花猫，小花猫又找来小老鼠，这样小老鼠拉着小花猫，小花猫拉着小花狗，小花狗拉着小姑娘，小姑娘拉着老婆婆，老婆婆拉着老公公，老公公拉着萝卜，大家喊着号子，"嗨呦嗨呦，拔萝卜！嗨呦嗨呦，拔萝卜！"终于把萝卜拔出来了，他们高高兴兴地把萝卜抬回了家。

父母可以告诉孩子，有些事情一个人做不了，需要大家的力量才能完成，这就需要大家相互合作。

除了听故事以外，可以让孩子和其他小朋友一起游戏，在游戏中体验合作的快乐。比如玩球，只有合作才能玩好。

培养孩子解决人际冲突

在人际交往中冲突是难免的，尤其在这些独生子女中间，频率会更高。但是冲突带来的未必只有消极影响，它还能让孩子知道，外面的世界是多元的，每个人的想法是不同的，而且与人交往是需要技巧的。在冲突中可以培养孩子解决问题的能力，提高交往技巧。

1. 让孩子自己解决冲突

父母一看到几个孩子发生了冲突，就会立即冲上去，或斥责自己的孩子，或指责别人的孩子，这样游戏只能不欢而散，对孩子的人际交往能力的提高不仅没有促进作用，甚至还会误导孩子，让他们以后也粗暴地对待冲突。

建议父母看到孩子们发生冲突时，先不要参与，静静地观看孩子是怎样以自己的方式解决的，如果解决得好，父母可以鼓励表扬，如果解决得不好，父母再去帮忙也不迟。其实父母要相信这些孩子，他们有自己的处事方式。

2. 鼓励孩子敢于申辩

有时候孩子间冲突了，父母会责问自己的孩子，"你怎么搞的？"有的孩子会默不作声，这样对孩子不好。第一，孩子无法知道怎样做是正确的；第二，无法宣泄心中的不良情绪，对心理健康发展不利。所以父母要以民主、和蔼的态度鼓励孩子申辩，对孩子的行为要有一个客观公正的评价，并为孩子以后行事提出一些合理性建议。

Part 7

3 岁，孩子爱用脑"看"世界

——如何开发孩子的大脑智能

3岁孩子大脑装满好奇心

3岁孩子已走得很好，学会了跑，还能用语言交往，活动自由度不断增加。他们也学会了用脑思考，满脑子都是好奇心，想去探索周围世界，发现新事物。为好奇心驱使，3岁孩子如同"初生牛犊"不知危险，什么都要去看看摸摸，想去发现和模仿。

父母该如何对待这一阶段的孩子？

首先，父母要理解孩子。

孩子这种行为不是顽皮、淘气，而是在探究世界，所以不能嫌烦。

其次，不能因怕孩子闯祸而限制其活动，抑制孩子的探索精神，而应满足孩子的心理需求，正确引导孩子探索，使孩子成为小能人。

再次，父母要注意安全环境的创设。

由于孩子小，缺乏生活经验，不知什么是危险，什么事不能做。父母应对孩子可能会做的事有所预见，如家中的电线插座要装在孩子够不着的地方；低矮的抽屉不放危险物，或干脆给孩子放玩具；在孩子身体碰得到的地方不做玻璃门；桌子上不铺桌布，以防孩子好奇拉桌布，而把桌上的东西拉下来等。同时强化孩子安全意识，使他们知道哪些东西是不能动的。

最后，创造"探索世界"的条件，满足孩子需求。

如孩子喜欢敲敲打打，就为他提供工具类玩具；孩子喜欢画画，可在阳台上铺瓷砖，让孩子任意用水彩涂抹；孩子喜欢积木，就给他创设一个自由活动的角落。如果孩子的尝试活动没有危险，父母应尽量让孩子玩，引导他们独立自主地做他愿意做的事，在东摸西摸中发展孩子的创造、想象能力和解决问题能力。

孩子喜欢尝试各种事物是一件好事，父母应保护孩子的好奇心，鼓励他们探索，使孩子永远保持对世界万物的兴趣。

教会孩子认识"多"和"少"

3岁的孩子主要是通过感觉和知觉来认识这个世界的，因此，感受"多和少"是孩子接触数学知识的第一步。

3岁的孩子对数字有了一定的认识，这时候可以开始教孩子数数了。让孩子知道数字代表数量，有助于他今后对数学的学习。

取几块孩子常玩的积木摆成两堆，一堆有5块积木，一堆有3

块积木。问孩子：

"哪一堆的积木更多一些啊？"

孩子指着五块积木。

"这一堆积木有几块呢？"

爸爸／妈妈跟孩子一起数：

"1、2、3、4、5！一共有5块！"

"那这一堆呢？"

跟孩子一起数另外一堆积木：

"1、2、3！一共有3块！"

"噢，原来5块积木比3块积木多！"

通过这样的小游戏，孩子在感知了"多和少"的基础上，进一步感受了数字和数量之间的对应关系。

让孩子体会"大"和"小"

大小知觉是孩子数学智慧的重要组成部分。比大小的活动不需要爸爸妈妈准备更多的材料，在日常生活当中就可以让孩子轻松学习，获得更多的数学智慧。

爸爸妈妈在和孩子一起玩的时候，就可以让孩子有意识地体会"大"和"小"的概念。

比如，可以把孩子的手掌放在爸爸妈妈的手掌上，让孩子观察和比较两只手掌的大小，晚上脱衣服睡觉的时候，把爸爸的衣服和孩子的衣服展开平放在床上，让孩子看到两件衣服在尺寸上的差别。在做这种游戏的同时，爸爸妈妈可以通过语言让孩子更好地理解，可以对孩子说：

"看一看，孩子的手和妈妈的手谁的大呀？噢，妈妈的手比孩子的手要大。"

"看一看，孩子的衣服和爸爸的衣服哪个小呀？噢，孩子的衣服比爸爸的衣服小。"

这样，孩子就可以深切地体会到"大"和"小"之间的差别。

游戏范例——一起向前走：

爸爸和孩子都脱了鞋以后站在地毯上，孩子的两只脚分别踩在爸爸的两只脚上，孩子用手抱着爸爸的腿，爸爸一边与孩子一起向前跨步走，一边与孩子一起说儿歌：

爸爸大脚丫呀，

孩子小脚丫。

大脚在下面呀，

小脚在上面。

一二一，

一二一，

一起向前走。

　　通过做这个游戏并练习说歌谣，不仅让孩子理解了"大"和"小"的含义，同时理解了"上""下"的方位知觉，还锻炼了孩子腿部肌肉的力量，发展了平衡能力。

让孩子比较"长"和"短"

　　比较能力对数学智慧中排序、逻辑推理和判断能力的发展都有重要的促进作用，它往往是进行正确排序和准确判断的主要手段和途径。

　　拥有较强的比较能力，对3岁孩子今后数学智慧的发展是必不可少的。

　　准备一根较长的铅笔、一根较短的粉笔，还有一双长短一样的筷子。先教孩子认识哪个是铅笔，哪个是粉笔，哪个是筷子。然后教孩子读儿歌：

　　　　铅笔长，

　　　　粉笔短，

　　　　两根筷子一样长。

　　让孩子跟着一句一句反复诵读，当读到"铅笔长"时举起铅笔，读到"粉笔短"时举起粉笔，读到"两根筷子一样长"时举起筷子。读过几遍之后，将铅笔和粉笔并排立在桌子上，让孩子

学习如何比较长短。

也可以先向孩子出示铅笔和粉笔，不出示筷子，当孩子掌握了长短的比较方法后，再出示筷子，学习"一样长"的概念。

可以直接诵读整个儿歌，引导孩子将"长""短""一样长"的概念一起学习辨识。

让孩子理解"上""下""中"

空间知觉主要是指对物体空间关系的位置以及机体自身在空间所处位置的知觉。从广义上来说，它是数学智慧中一个组成部分，要解决空间问题、几何问题都需要有很强的空间知觉能力。

父母在和孩子出去散步的时候，可以教孩子说歌谣：

屋顶上，

小小鸟，

地下站着小孩子。

前面是爸爸，

后面是妈妈，

中间走着小孩子。

让孩子充分体会"上""下""前""后""中间"的概

念。同时在日常生活中也可以有意识地帮助孩子进一步掌握和巩固这些方位概念。

让孩子认识"里"和"外"

认识"里""外"是3岁孩子空间智慧发展的重要里程。为了让孩子更好、更准确地认识"里""外"的概念，父母可以设计一些简单的游戏。

在空旷的场地上画一个圈，让孩子站在里面，妈妈站在外面，然后和孩子换位，用此方法教授"里""外"的概念，同时可以给孩子念儿歌：

一个大圈圈，

孩子站里边，

妈妈站外边。

妈妈孩子换一换，

说说看，

哪个站外边，

哪个站里边？

妈妈和孩子换位以后，可以让孩子说说谁站在外边，谁站在里边。

此外，也可以在孩子收拾玩具的时候，让孩子把玩具一一拣放在一个小桶或干净的废纸篓里，然后向孩子解释"里"和"外"的概念。

在空旷的场地上画一个大圈，要求孩子结合儿歌跳入圈内或跳出圈外。

跳跳跳，

大圈圈，

孩子跳进来，

孩子跳出去。

通过这样的游戏活动，不仅让孩子理解了"里""外"的空间概念，还同时锻炼了孩子的大肌肉动作。此外，找一些大小不一的盒子或者家里的套娃娃玩具，按照大小将盒子或者娃娃套在一起，让孩子在体会"里""外"关系的同时学会说出"里""外"这些方位词，也是很好的办法。

让孩子理解"前后""左右"

3岁孩子最喜欢和爸爸、妈妈、爷爷、奶奶一起做游戏，"排队坐车"的游戏可以使孩子对"前后""左右"的方位产生感性的认识，在轻松愉快的玩耍中学习辨别方向，有利于空间智

慧的发展。

在家里摆放几个小凳子，大家一起玩"坐车"的游戏，请爸爸来开车，妈妈、爷爷、奶奶和孩子当乘客一起来排队上车。在游戏的过程中，可以有意识地问孩子：

"排在前面的人先上车呢，还是排在后面的人先上车？"

"宝贝要坐在谁的后面？"

"宝贝的左面坐着谁呢？"

"谁坐在宝贝的右面？"

尽管3岁的孩子在理解"前后""左右"的时候还有点困难，但是通过这些游戏让孩子有充分的感性认识，对他们以后的发展是很有好处的。

让孩子认识"球"

在日常生活中，球的种类多种多样，玩法也是变化无穷的，父母可以利用各种不同的球来促进3岁孩子各方面智力的发展。

父母可以为孩子提供颜色不同的球，通过和孩子一起玩球，让孩子认识各种颜色的名称；父母也可在球里放一个小铃铛，看看球滚的时候，是否会发出好听的声音，这些声音是从哪里发出来的。

父母可以把小球吊起来，鼓励孩子用手去拍打，以发展孩子身体的协调能力；或者把小球放在桌子的边缘，让孩子用嘴吹吹看，小球是否会滚动，通过这个游戏，有助于孩子语言能力的发展，训练孩子说话时所用的中气。

此外，父母可以和孩子一起玩球，但是父母不必每次告诉孩子怎么玩。应鼓励孩子去探索、体验不同的球可以怎么玩，也可以让孩子体会，同样一个动作用在不同的球上，结果是否都一样。例如，同样是踢球，踢皮球、踢气球、踢海绵球，球运动的方向和结果都是一样的吗？踢球时用的力量是否一样？同样是皮球，除了滚，还可以怎么玩呢？等等。

就是这样一个看似简单的球，只要父母善于利用，就能促进孩子观察力、思考力、运动能力等多方面的发展。

让孩子背记数字

孩子背记数字对他以后数学理解能力的发展有着重要意义，而数学理解能力在数学智慧中占有核心的地位。因此，有意识地引导孩子去记诵一些数字是大有好处的。怎样才能让孩子快速准确地记住一些数字呢？

根据3岁幼儿感知发展的特点，为他们提供一些有趣的图片和实物是很有帮助的。

制作或购买一些卡片，将1~9的数字分别用一些图画来代替，比如第1张卡片上可以画上一支铅笔，第2张卡片上画上一只天鹅，第3张卡片上画上一只耳朵，第4张卡片上画上一面小旗子，第5张卡片上画上一个弯弯的像5一样的钩子，第6张卡片上画上一把像6一样的小勺子，第7张卡片上画上一把镰刀，第8张卡片上画上一只小葫芦，第9张卡片上画上一个小蝌蚪。按照顺序教孩子发音并认读和背记数字。

也可以在卡片上分别画上1个苹果、2个梨子、3个桃子、4块糖等等，并写上相应的数字，然后跟孩子一起大声认读。

反复认读以后，可以提问孩子："1个苹果在哪里啊？""3个桃子在哪里啊？"等熟悉了以后，可以这样来问孩子："4块什么呢？""两个什么呢？"提醒孩子找出相应的卡片。如果孩子学习得比较顺利，可以增加一些物体数量相同的图片，让孩子分别找出"1个什么？""2个什么？""3个什么？"等等。

学习有关数字的知识，使孩子对数量有真正的理解，从而为孩子今后能够取得良好的数学成绩打下坚实的基础，同时对孩子以后做一些分类、排序等活动也是很有用处的。

让孩子学习简单的计算

计算是学习数学最基本的内容，当孩子懂得了数字之间转化的实质时，他们自然而然就会懂得更多的内容。对于1~3岁的孩子来说，即便是最简单的计算，对他们来讲都是一种挑战。可是有研究表明，5个月大的婴儿便已经能感觉到添减东西和数量变化之间的关系。因此，只要爸爸妈妈掌握了恰当的方式方法，让我们的孩子从小就进行简单的计算并不是一件难事。

当按照前面的方法让孩子认识了一些数字之后，就可以让孩子进行一些简单计算了。用一些孩子熟悉的物品或玩具来做教具，设计一些有趣的小游戏有助于帮助孩子理解数学运算。孩子喜欢把东西推倒，也喜欢玩水。我们可以在孩子洗澡的时候来做这个游戏。

孩子洗澡时，将几个玩具动物在澡盆边一字排开，然后跟孩子一起数数它们的个数，并依次将它们逐个推入澡盆里，每当一个动物掉到水里时，就和孩子一起做减法：

"一个小动物跳水后，还剩几个？"

"两个小动物跳水后，还剩几个？"

等小动物都推入水中后，再将它们依次拿上来：

"一个小动物爬上来啦！"

"两个小动物爬上来啦！"

让孩子学着推理

推理能力是数学智慧的重要内容，具备严密的逻辑推理能力对今后的计算和解决问题都有很大的帮助。培养孩子懂得初步的因果关系，进行简单的逻辑推理，可以使3岁孩子的数学智慧得到很大的发展。

在孩子最喜爱的玩具上绑一根绳子，把绳子绕在椅子腿上，让孩子走到椅子跟前顺着绳子把玩具拉出，就好像钓到一条鱼，这一看似简单的游戏，实际上是一个锻炼孩子了解因果之间关系的好办法。当孩子把玩具拉出来时，可以捉问孩子："为什么玩具被拉出来了呢？"

这个游戏可以引导孩子初步感受因果，同时还可以培养其大动作技能。注意游戏时和游戏后要妥善处理绳子，小心孩子绊倒。

可以带孩子做影子的游戏，以更深地理解因果关系。在一个阳光明媚的日子里和孩子一起出去晒太阳，站在阳光下观察两个人的影子，并和孩子谈论影子的变化。

挥一挥手，问问孩子："孩子看一看，爸爸的影子有什么变化啊？"

让孩子也做一个动作，观察自己的影子发生了什么变化。

找一个阴凉处，观察影子又发生了什么变化。可以在一天中的不同时间来做这个游戏，引导孩子观察其中的差别，理解身体动作和影子形状之间的因果关系，进行简单的推理。

让孩子学习排序

排序对发展3岁孩子比较能力、数概念、序数词以及逻辑思维能力等都有很大的帮助，是发展孩子数学智慧的有效方法。

孩子在玩玩具的时候，经常会把几个玩具排成一队，可是他并没有意识到排队的含义，这时可以有意识地问问孩子：

"它们谁站在第一个啊？"

"谁站在中间呢？"

让孩子去感知这些词汇。

有时间、有条件的父母可以将3个纸盒钉在一起，按照顺序写上1、2、3，准备3个小动物玩具，告诉孩子这些小动物正在排队准备上车。告诉孩子哪个小动物是第一、第二、第三，让他把这些小动物排好队，放进相应的车厢当中。在游戏的过程中，尽可能教孩子"第一""中间""最后"这些词语。玩熟练了以后，可以问孩子：

"谁是第一个上车的呀？"

"谁是在中间上车的呢？"

"谁是最后一个上车的呢？"

还可以将纸盒和小动物的数量增加至6个，教孩子第4到第6的概念。

锻炼孩子的视觉能力

视觉能力是空间智慧的重要方面，3岁是孩子视觉发展的关键时期。

游戏范例：跳舞的小虫

跟孩子在一个屋子里，关上电灯，打开手电筒，让光柱照在孩子身边的墙上，在墙上移来移去。鼓励孩子去跟随光柱，让他去捕捉光柱。然后用纸板剪出一个小虫的形状，把小虫的影子照在墙上，鼓励孩子去抓住"小虫"。

跟孩子做这个游戏时，可以把光柱和小虫的速度放慢一点，以便孩子去捕捉，不要让他总也捉不到小虫，有挫折感，从而失去兴趣。

在"跳舞的小虫"游戏中，孩子的视觉会随着手电筒光亮的转移而转移，视觉能力因此而得到发展，同时在小虫的飞舞当中，孩子的想象力也被大大激发了。因此，这一游戏对发展孩子的空间视觉能力非常有益。

注意：玩这个游戏之前，为了让孩子不对黑暗产生恐惧，最好事先让孩子适应一下屋子里的黑暗，再玩这个游戏。

培养孩子的视觉判断能力

拼图游戏可以培养3岁孩子的逻辑推理和视觉判断能力，同时色彩鲜艳的拼图也是孩子非常喜爱的玩具。在快乐中，孩子的空间智慧就得到了很好的锻炼。这一游戏可以用买来的拼图，爸爸妈妈也可以跟孩子一起利用旧的月历、海报来自制拼图。

可以用旧月历、报纸剪出各种孩子平时喜爱的小动物形象，并把它用剪子剪成几个部分，然后再让孩子重新拼成小动物。这样就可以随时更换拼图，常常面临新的挑战，孩子自然不会玩腻。开始时可以让孩子照着小动物的形象来拼，熟练以后就可以不看图片自己来拼了，这时孩子的空间智慧就大大地发展了。

也可以给孩子一些难度大一点的任务，拼图中可以包含多个人物和场景，比如可以画一幅爸爸妈妈带孩子去动物园的场景，场景中可以有树、有小动物等等，涂上颜色，然后将图画分成几个部分，让孩子重新拼起来。一方面可以让孩子感受色彩的搭配，另一方面可以发展孩子的空间智慧。

堆积木，激发孩子的空间想象力

积木是发展孩子空间智慧必不可少的玩具。积木有各种颜色、形状和大小，同时还能够随心所欲地搭建出不同的空间造型，激发和锻炼孩子的空间想象能力，因此，堆积木是孩子在快乐学习中的最佳选择。

3岁的孩子还只是满足于把积木堆积起来，只能摆起三四块积木。爸爸妈妈不要操之过急，可以鼓励孩子尽量把积木搭高，或者帮助他搭建出一个简单的造型，让孩子将其推倒，理解因果推理关系。同时爸爸妈妈可以在孩子的旁边跟他一起搭建积木，给他做出一个示范，让孩子知道原来积木可以搭出这么多好看的造型，以此来引发孩子的兴趣。

爸爸妈妈还可以帮助孩子按照他的想法来搭建积木，鼓励孩子发挥想象，说出自己的想法。同时，可以引导孩子运用一些表示方位和颜色的词汇，比如"红色的积木在蓝色积木的上面""绿色积木在黄色积木的左面"等等。在将积木收拾起来的时候，可以鼓励孩子根据形状、颜色、大小来将积木分类摆放。

和孩子一起做泥塑游戏

橡皮泥可以捏成不同的形状，3岁孩子非常爱玩。这种游戏不仅能锻炼孩子的精细动作技能，还能够让孩子感受色彩，同时激发孩子的想象力，发展孩子的空间智慧。因此，爸爸妈妈在给孩子选择玩具的时候，千万不要忘记购买橡皮泥啊！

把橡皮泥摊成一片，把着孩子的小手，用塑料刀将橡皮泥做成人或小动物的形象，让孩子感受这些形象，知道用橡皮泥可以制作出不同的形象，表现各种物体，以引发孩子的兴趣。根据制作出的不同形象，可以让孩子来编故事，既可激发孩子的想象力，又可锻炼其语言表达能力。

也可以教孩子把不同的颜色混合在一起做成一个球。爸爸妈妈先混合一些蓝色和红色的橡皮泥，放在手里捏成球形，教孩子将球搓成一条细长的绳子，然后可以在此基础上把绳子连接成三角形或正方形等不同的形状，鼓励孩子模仿着做。在做的过程中，引入"大小""形状""长""短""平的""圆的"等词汇，帮助孩子理解空间概念，发展孩子的空间智慧。

　　注意：在为孩子选择橡皮泥的时候，要选择无毒的，不掉颜色且捏起来不太硬的。选择质量好的橡皮泥是很重要的，也可以用泥巴、面团代替橡皮泥。

走迷宫，培养孩子的观察分析能力

　　观察能力的培养是发展空间智慧的重要方面。走迷宫也是3岁孩子非常喜爱玩的游戏，在扑朔迷离中，迂回曲折地辨别通道，这种游戏在锻炼了孩子观察力和动手能力的同时，大大发展了孩子的空间智慧。

　　选择一些简单的迷宫游戏，也可以由爸爸妈妈自己来制作。比如"小猫钓鱼"的游戏。在一张纸上画上三只小猫，每只小猫拿着一根带着长长渔线的渔竿，三根鱼线在下面交错着，可是只有一只小猫钓到了鱼，让孩子找一找是哪只小猫钓到的鱼。

　　可以选择一些比较复杂的迷宫练习，购买一些益智类的书籍，让孩子尝试着去完成这些迷宫练习。在给孩子选择练习的时候，可以逐渐增加练习的难度，并多选择一些根据孩子熟悉并感兴趣的故事情节来改编的游戏。

看电视，开发孩子的智力

3岁孩子的智力开发问题，是每个父母都十分关注的育儿重点。许多父母也非常重视儿童的智力开发，但对智力的理解，以及如何有效开发儿童智力还有些盲目。其实，智力是人的一种心理品质，是各种认识能力的总和。它包括注意力、观察力、记忆力、想象力、思维力、创造力；早期儿童还需要发展口头语言表达能力，它是开发智力的"第一因子"。可见，只有智力的各个方面都得到发展，才能称得上智力发展良好。

有关研究指出，儿童期80％的知识是从视觉中获得的。而电视是儿童智力开发的良好媒介，它是适合儿童特点的文化形态，有利于开发儿童智力。

第一，电视开阔了儿童的眼界，向儿童打开了认识世界的窗口，提高了儿童的认识能力。

儿童可直接通过电视认识许多事物，了解大量的自然科学和社会科学知识，并在这一过程中培养儿童认识、理解问题的能力。如：儿童从"动物世界"中看到了企鹅，感知了解了企鹅的有关知识，知道了企鹅生活在南极冰天雪地里，爱吃小鱼、小虾，走路摇摇摆摆。在平时的绘画活动中，儿童就会画出黑白企鹅，并加上雪景；在音乐活动中，能随着音乐摇摇摆摆地走路。电视还向儿童提供了人类社会生活的逼真画面，使儿童看到了人们的日常生活，增加了社会方面的知识，由此形成了孩子对成人社会表面性的认识。如：儿童从电视中了解了公安干警的工作后，在日常生活中也会有意模仿，有个别儿童还设想长大后，能发明一种像隐形眼镜一样的摄像机装在眼睛里，发明机器人做侦察员等。电视不仅使儿童对成人社会有初步肤浅的认识，也萌发了儿童展开想象创造的翅膀。

第二，电视能促进儿童的语言学习，丰富儿童的词汇量。

3岁幼儿期是孩子学习语言的关键期，电视以其标准的发音、生动的画面和动听的音乐，向儿童提供大量的声音和画面识别、再认和重现的机会，儿童通过模仿与理解获得了语言。如：当电视中出现各种颜色时，常会出现与之相对应的"五颜六色、五彩缤纷"等词汇，儿童对其感兴趣后，就会主动地学习，反复练习巩固而习得。儿童语言就在这刺激——反应——强化的过程中得到不断的发展。

当然，电视也可能带来一些消极影响。所以，父母要科学地对待电视教育，充分利用电视教育的积极面来教育儿童，这样，才能使儿童充分吸收电视的"营养"，开发儿童的智力。

生活即教育，让孩子感受大自然

对幼儿的智力开发要想获得预期的效果，必须注重环境的创设，因为对他们来说生活即是教育。发展自然智慧更是如此，要让幼儿融入自然之中去感受，去探索，才会有好的效果。

在钢筋水泥的城市里，孩子感受自然，认识自然的机会并不很多，父母只能自己创造机会去接近自然。找一个阳光明媚的日子，带孩子一起去郊游，地点最好不要离家太远，否则孩子会很累。可以引导孩子看看大自然中的事物，闻一闻大自然中的味道，听一听大自然中的声音，描述一下孩子眼中的大自然。示例如下：

爸爸／妈妈：宝贝，看看这里跟咱们住的地方有什么不同啊？

孩子：咱们那边都是房子。

爸爸／妈妈：是啊，这里多好啊。看看这里都有什么？

孩子：小草、大树、花。

爸爸／妈妈：多漂亮啊！绿绿的草，高高的树，还有各种颜色的花，你能说说这里的花都有什么颜色吗？

孩子：红的、黄的。

爸爸／妈妈：你看这种是紫色，那种是蓝色，真是好看啊！咱们来深吸一口气，这里的空气可好闻了。（与孩子一起深呼吸）怎么样？

孩子：嗯。

爸爸／妈妈：我觉得是泥土的味道、青草的味道，你觉得呢？

孩子：嗯。

爸爸／妈妈：咦，什么声音，宝贝快听。

孩子：小鸟，小鸟在叫！

爸爸／妈妈：在哪里呢，在上面。哦，宝贝，你知道这是什么鸟吗？

孩子：不知道。

爸爸／妈妈：这是喜鹊啊，叫声真好听。

（回家的路上，可以考考孩子，让他/她描述一下自然）

爸爸／妈妈：宝贝，今天出来玩高兴吗？

孩子：高兴。

爸爸／妈妈：那你能给我说说你今天见到的自然是什么样子的？

（引导孩子把所见所闻描述出来）

注意：如果去远的地方不方便，可以在附近绿化好的公园、小区内让孩子感受自然。

在出游的时候可以唱《小鸟在前面带路》等歌曲，欢快的小鸟在前面带路，轻柔的春风吹拂着，一群孩子在花园里唱唱跳跳……这样美好的情境，伴着轻快的节奏，一定能给出游带来一些欢快的气氛。

Part 8

3岁，孩子爱涂鸦爱听歌

——如何发掘孩子的艺术细胞

教孩子欣赏绘画作品

欣赏绘画作品是培养孩子艺术潜质最重要的方式之一。

通过欣赏绘画作品，孩子不仅可以感受到线条、色彩、形状的变化，还可以让孩子体会美、欣赏美，锻炼视觉敏感性和审美能力，同时用这一方式来表现物体，表达自己的感受。

这不仅有益于激发孩子对绘画的兴趣，培养孩子的绘画能力，还可以发展孩子的空间智慧，而且对提高孩子的综合素质也很有意义。

父母可以教3岁孩子欣赏一些儿童的绘画作品。儿童的绘画作品活泼生动，更贴近现实生活，在线条、颜色、形象的运用上，以及画面所表达的内容等方面都更容易引起孩子的共鸣。

除了欣赏儿童绘画作品以外，可以有意识地让他们接触一些艺术家的作品，让他们感受一下艺术家是如何运用这些线条，如何搭配这些色彩的。让孩子真正走近艺术，感受到艺术的气息。

引导3岁孩子欣赏艺术作品最关键的一点是，怎样引导孩子去"看"，而不是单纯地看看热闹。在和孩子一起欣赏艺术作品的时候，爸爸妈妈要表现出一种热情，一种对艺术的热爱，为孩子营造出饱含艺术的氛围和环境。此外，还要注意给孩子提供丰富多样的欣赏对象，让孩子在艺术的王国中潜移默化地得到熏陶。

让孩子随意写写画画

3岁的孩子已经可以"涂鸦"了。父母可以让孩子自己乱涂乱画，通过画画来帮助孩子建立大小、形状、颜色等的概念。

3岁时，孩子经常想要拿笔来"写写画画"，父母不妨就让他们写写画画，因为绘画和书写是紧密联系的。汉字这种象形文字本身就是介于绘画和符号之间的书写。让他们写写画画还可以增加他们对笔、对写字的兴趣。

这个时期，孩子笔下的东西可能只是一些凌乱交错的线条，但是父母要对他们的行为表示赞赏和肯定，因为这是孩子在展示自己的能力，积极的反馈会让他们信心大增，愿意继续这样的活动。

在孩子写写画画的时候，爸爸妈妈可以给孩子示范，教给他们正确的握笔方式和写画姿势（但孩子这个时候不一定能掌握，只是给出这样的要求，让他们去体验），并且可以在写画时，让孩子认识各种图形和汉字，当然不是一定要让孩子记住的，是要让孩子对这些图形和汉字有一个初步的认识，头脑中留下一些痕迹，给他们以后学习绘画、写字打下好的基础。

孩子画得不好不要泼冷水

3岁的威威很喜欢像妈妈那样，拿一支笔在纸上"写字"。妈妈也很支持他，但妈妈总认为他涂得乱七八糟。

其实，3岁的幼儿正处于绘画的"涂鸦期"。这时的幼儿喜欢探索，好奇心也很强，喜欢模仿日常生活中成人的活动。看见成人在写字，他们也会像大人一样拿起笔在纸上画，他们把绘画当成一种很好玩又有趣的游戏，纸和笔在他们的眼中只是一种玩具，并且也常常为自己所创作的"作品"感到十分的快乐和满足。

由于这个年龄阶段的幼儿手部肌肉还没有发育完善，而且他们对事物的认识还不全面，思维也处于直觉思维时期。因此，他们无明确的绘画目的，只是对笔在纸上划出的痕迹感到无比的兴奋，而完全不在乎在纸上画出什么，也不把成人的评价当回事，这些行为表现在人们面前的就是在纸上画得一塌糊涂。

在孩子画完之后，尽管可能看起来比较乱，但是也不要打击他的积极性，要用赞赏的口吻对他说："哦，宝贝画了这么多的图案啊，能告诉妈妈它们都是什么吗？"引导孩子学会表达自己的想法和意愿。同时，如果孩子在叙述的过程中还有添加的内容，就让他用画笔接着完成。

每个孩子都是绘画天才，不要在意他画的是什么，画得像不像，要提供充分的机会让孩子画画、着色、涂鸦。用不同的绘图用具，让孩子体验到不同色彩的运用、搭配以及呈现出的不同效果，让孩子学习借由色彩、线条、图案表达内心的想法和情感。

陪孩子欣赏音乐名作

音乐名作是一些杰出的音乐家的作品，它们体现了音乐家高度的音乐智慧。

父母可以陪伴3岁孩子一起欣赏音乐名作，通过多变的音乐旋律、音乐描绘的丰富表情和景象来刺激孩子的大脑，提高孩子的音乐感受力，促进孩子情感的发展。比如有的音乐能传递欢快的气氛，有的是唯美的情感，有的是悲壮的情绪，而有的是消沉的感受等等，孩子能够从中获得丰富的情感体验，形成健康的心智，开朗的性格。

1. 推荐名作一《动物狂欢节》（圣·桑）

这是一部管弦乐套曲，由14首独立的小乐曲组成，这套作品中描写动物们在热闹的节日里，各种滑稽有趣的情形，有狮王、大象、乌龟、公鸡、母鸡及天鹅等，极富感染力，非常适合3岁孩子欣赏。

2. 推荐名作二《四季》（维瓦尔第）

这是一部小提琴协奏曲，分成"春""夏""秋""冬"四首，每首都是采用"快—慢—快"三个乐章的标准形式，细致入微地刻画将四季的美和魅力呈现在我们眼前，譬如在"冬"的第二乐章，优美的小提琴独奏描绘出人们围着火炉烤火的温馨景象，弦乐以十六分音符拨弦代表屋外的雨声，大提琴则以三十二分音符描绘远方的雷声，屋内的温情四溢与屋外的寒冷冰凉形成鲜明对比。

3. 中国民乐《春江花月夜》

这是一部管弦乐曲，以柔婉的旋律，安宁的情调，描绘出人间的良辰美景：当那暮鼓送走夕阳，箫音迎来圆月的傍晚，人们驾起轻舟，在平静的春江上漫游，两岸青山叠翠，花枝弄影，水面波心荡月，桨橹添声。祖国的山河如此娇丽，生活的画卷更加多彩。

父母陪孩子欣赏这些音乐名作时，不要有太多的限制，只要他们能够安静地仔细聆听就好，养成听音乐的好习惯。在欣赏过程中，父母可以跟孩子交谈，启发孩子理解曲子要表达的意境和情绪。

培养孩子的节奏感

节奏是音乐的重要组成部分，掌握一段音乐必须掌握它的节奏。掌握简单的节奏是每个孩子与生俱来的本能，从节奏进入音乐是最自然的，也是最容易被孩子接受的一种方式，因此父母要做的就是启蒙和培养。

孩子1~2岁时已经开始对音乐表现兴趣了，3岁时父母就要让孩子熟悉各种声音的节奏，培养孩子的节奏感。

生活中的节奏（最基本的五种节奏型）：

当当（××）——报时的大钟：

滴答滴答（××××）——奔跑的闹钟。

咯咯嗒（×××）——母鸡下蛋。

呜——（×——）——火车开动了。

汪汪汪（×××）——小狗在说话。

让孩子模仿这些声响，自然就练习了节奏。

平时让孩子听儿歌时，父母可以和孩子一起打拍子，培养节奏感。要注意选取一些节奏感强的歌曲或儿歌。

歌曲一《粉刷匠》：

> 我是一个粉刷匠，
>
> 粉刷本领强。
>
> 我要把那新房子，
>
> 刷得很漂亮……

歌曲二《小儿郎》：

> 小呀嘛小儿郎呀，
>
> 背着那书包上学堂，
>
> 不怕那太阳晒，
>
> 不怕那风雨狂，
>
> 只怕先生骂我懒呀，
>
> 没有学问无颜见爹娘……

陪孩子做音乐游戏

游戏是幼儿最喜爱的活动，音乐智慧的培养在游戏中进行能够事半功倍。音乐游戏既开启了幼儿的音乐智慧，又培养了他们对音乐的兴趣，感受了音乐的美。父母可以陪3岁孩子一起做音乐游戏，培养孩子的音乐细胞，锻炼孩子的演唱能力。

游戏范例：藏猫猫

这是一种期望性游戏，它有一种节奏模式，能抓住、激起、持续孩子的激动情绪，它的科学根据是：

激起对即将发生事件的兴奋度；

停顿以激起更大的期望感；

以停顿为契机，走向高潮；

稍作休息放松、准备再玩一次。

具体操作：

可以由爸爸抱着孩子，妈妈躲在爸爸身后叫"孩子"，然后孩子由爸爸抱着找妈妈。可以在妈妈的头上蒙一块纱巾逗逗孩子："妈妈在这儿呢！"

爸爸妈妈也可以藏到屋子里，让孩子寻找，还可以让孩子来藏，爸爸妈妈寻找。

注意：爸爸妈妈被找到时，一定要显得比较"沮丧"，以显示孩子的聪明；而找孩子时，明知在那里，却也要费上一番周折再找到，这样才能突出这个游戏的节奏感，持续提高孩子的兴趣。

陪孩子哼唱儿歌、吟诵诗歌

吟诵是一种节奏较强的说话和歌唱方式，如哼唱儿歌、朗诵诗词等。它有助于培养3岁孩子的节奏感、歌唱能力。通过吟诵还能发现孩子语言的层次和结构的不同特点，对提高孩子的整体智慧有重要作用。

爸爸妈妈和孩子相互拍手，同时说歌谣或唱歌。说几遍之后，孩子学会哪句，就鼓励孩子说哪句。父母在说儿歌的时候要边说边做动作，使孩子更能理解其中的含义，也使得吟诵更有趣味。

儿歌一《洗袜袜》：

　　端个小水盆，

　　孩子洗袜袜，

　　袜袜没洗净，

　　上面挂花花。

儿歌二《顶只蘑菇当小伞》：

　　秋天到，秋天到，

　　风儿吹，树儿摇，

　　黄叶红叶飘呀飘。

　　小白兔，胆子小，

　　树叶下雨怕砸到，

　　红眼珠，转一转，

　　顶只蘑菇当小伞。

古诗一《悯农》（李绅）：

　　锄禾日当午，

汗滴禾下土。

谁知盘中餐，

粒粒皆辛苦。

古诗二《敕勒歌》（北朝民歌）

敕勒川，阴山下。

天似穹庐，笼盖四野。

天苍苍，野茫茫。

风吹草低见牛羊。

教孩子学习基本的音符

孩子3岁左右，父母找来几首孩子熟悉的歌曲或乐谱，将谱子唱出来，告诉孩子所有听到的美丽的曲子都是由Do、Re、Mi、Fa、Sol、La、Si七个音符组合而成的，以激发起孩子学习音符的兴趣。然后父母唱出音阶，同时做出一阶比一阶高的手势，让孩子跟着父母做几次。

等孩子记住一些之后，父母可以和孩子音符接龙，按照音阶的顺序，一人唱一个。经过一段时间，孩子学会了唱音阶，就可以由他／她独立来唱。

为了使得学习音符更加形象，可以找7个高低不同的积木，

按照由低到高的顺序排好，把音符的唱名依次标到积木上，唱这
些音符，拿一个小玩偶在积木上上下移动，要向孩子解释音调是
如何沿着音阶上下变动的，一开始可能孩子掌握不了，那就经常
练习。

会唱音符后，父母可以跟孩子一起指着这几个音符指认，可
以互相当考官，看谁认得准、唱得准。

父母在把握不准每个音符的音高时，可以借助一些简单的乐
器，如电子琴、口琴等。

有一首耳熟能详的英文歌Do-re-mi，就是学习音符的很好
材料：

Let's start at the very beginning.

A very good place to start.

When you read you begin with, A-B-C.

When you sing you begin with do-re-mi, do-re-mi.

Do-re-mi.

The first three notes just happen to be：do-re-mi,

Do-re-mi, do-re-mi-fa-so-la-ti.

Oh，let's see if I can make it easier.

Doe, a deer, a female deer.

Ray, a drop of golden sun.

Me, a name I call myself.

Far, a long long way to run.

Sew, a needle pulling thread.

La, a note to follow sew.

Tea, I drink with jam and bread.

That will bring us back to do...oh oh oh.

Doe, a deer, a female deer.

Ray, a drop of golden sun.

Me, a name I call myself.

Far, a long long way to run.

Sew, a needle pulling thread.

La, a note to follow sew.

Tea, I drink with jam and bread.

That will bring us back to do.

Do re mi fa so la ti do, so do.

锻炼孩子的音乐听力

音乐的基本元素是音调、节奏和音色，它们像语言的要素一样都反映了视觉、听觉的特征，容易引起孩子的注意，并刺激孩子的大脑，让孩子的大脑发展得更快、更好，为学习语言

奠定基础。

所以我们提倡要多给孩子听音乐，以此来锻炼他们的听力和发音。

父母要给孩子营造一个音乐的氛围，培养他们对音乐的感受力。

睡眠或进餐时可以放一些轻音乐，如钢琴曲、萨克斯曲或古筝曲等；起床或者活动时放一些节奏明快、曲调活泼的乐曲，如《春天在哪里》《赶海的小姑娘》《哆来咪》等等，这时父母可以与孩子一起哼唱、起舞，引导孩子注意动作和音乐的协调关系，锻炼他们的听力和节奏，同时得到美的享受和熏陶。

也可以让孩子自己选择喜欢的乐曲，父母跟着一起唱、跳。

带孩子聆听大自然的声音

父母平时要带孩子到大自然中去，让孩子倾听各种声音，感受自然界中的音乐美。

各种鸟儿、虫儿等小动物的叫声，马路上各种车辆的行进声、风声、雨声……都能够激发孩子倾听、探索自然界奥秘的欲望，并且这是锻炼孩子听觉敏感性的一个最简便有效的方法。

天气好时带孩子出外走走，给孩子区分各种声音，并讲解是

哪里发出来的，还可以让孩子模仿：

"嘀嘀——"这是小汽车的喇叭发出的声音，告诉人们"我来了，要小心啊"。

"汪汪——"这是小花狗在叫，向大家问好。

"喵喵——"这是小花猫的声音。

天气不好时，待在屋子里听听又有什么声音：

"呼呼呼——"这是风爷爷在大吼。

"沙沙沙——"这是树叶在唱歌。

"轰隆隆——"这是雷公公在打鼾。

"哗啦啦——"这是小雨点在落下。

陪伴孩子练习演奏乐器

我们听到的动人音乐是靠那形形色色的乐器演奏出来的。幼儿对能发出美妙声音的东西有很大的好奇心。他们如果能亲自摆弄乐器，创造声音，就是接近音乐、体验音乐的最好方式，因为乐器对他们来说又有很大的启迪作用。但是3岁孩子的神经、肌肉尚未发展成熟，父母在陪伴孩子学习演奏乐器时，要注意方式和方法。

下面介绍几种适合3岁孩子的乐器或声响玩具供父母参考。

1. 鼓

这种打击乐器不需要太多技巧，而且它发出的声音有节奏感，让人振奋。孩子亲自敲击会更加兴奋。

先让孩子自己随心所欲地敲，满足他们的好奇心。然后爸爸／妈妈有节奏地敲鼓，给孩子示范，手把手地教他们敲出节奏来。示范后可以让孩子自己去发挥，也可以选一首儿歌，爸爸／妈妈来念，孩子来和着儿歌敲鼓。

（提示：没有小鼓，可以用锅碗瓢盆来代替，用筷子或小勺敲击，听听孩子敲打的节奏和不同物体发出的不同声音。）

2. 沙槌

在一些大型音乐中，会听到有节奏响动的沙沙声，这就是沙槌发出的。沙槌并不能发出有旋律的音，但却是很好的伴奏乐器，使用简单，很适合3岁孩子使用。

爸爸／妈妈可以放一些音乐或儿童歌曲，教孩子跟着音乐，有节律地晃动沙槌，让孩子自己表演，爸爸／妈妈只观赏和鼓励即可。

3. 键盘乐器

一些简单的键盘乐器，如玩具电子琴，比较适合3岁孩子。一般玩具电子琴上有两组键（7个音符为一组），孩子可以在上面随意地按键，"演奏"自己的音乐。另外琴上还有一些录制好的歌曲，孩子用小手指一按就会开始演奏了。这种玩具不需要孩子学习正规的弹琴手法，只是要激发孩子学习音乐的兴趣，认识音符，并在这个过程中体验音乐带来的愉快。

把孩子培养成小歌唱家

儿童生来就喜欢听各种声音，尤其是自己的声音。歌声是美妙的，自己的歌声更是奇特的，歌唱能给儿童带来许多喜悦和欢乐。2岁左右，幼儿发明一些自编的"歌曲"，他们已经喜欢唱歌了。渐渐也能唱一些他们经常听的歌曲，3岁时就能根据韵律唱歌了。

父母可以教3岁的幼儿学习唱一些歌曲，但是父母要知道这个阶段孩子还不能够精确地唱准音高，所以父母不要过于强调音准和音乐技巧。父母需要引导孩子如何仔细聆听歌唱的声音，如何判断音的高低，这样多多练习几次，一个小小歌唱家就诞生了。

另外给孩子选择歌曲也要考虑其年龄特点，选择一些与生活接近的歌曲，这样孩子更容易理解和学习。

歌曲一《世上只有妈妈好》：

世上只有妈妈好，

有妈的孩子像块宝，

投进妈妈的怀抱，

幸福享不了……

歌曲二《娃哈哈》：

我们的祖国是花园，

花园的花朵真鲜艳，

和暖的阳光照耀着我们

每个人脸上都笑开颜，

娃哈哈，娃哈哈，

每个人脸上都笑开颜。

对英文歌有兴趣的父母可以为孩子选择重复较多的英文歌曲：

Twinkle, twinkle, little star

Twinkle, twinkle, little star, how I wonder what you are.

Up above the world so high, like a diamond in the sky.

Twinkle, twinkle, little star, how I wonder what you are.

When the blazing sun is gone, when he nothing shines upon.

Then you show your little light, twinkle, twinkle, little star.

Twinkle, twinkle, little star, how I wonder what you are.

Twinkle, twinkle, little star, how I wonder what you are.

教孩子学习简单的舞蹈动作

3岁孩子跳舞是比较难的，但是让他们接触舞蹈，欣赏舞蹈，学习一些简单的舞蹈动作，用身体来展示自己的思想和情绪，对他们来说是非常必要的。父母可以让孩子有意识地听音乐起舞，也可以在看电视时，让孩子跟着电视里人物的舞蹈动作一起做。

舞蹈范例：丢手绢

丢啊，丢啊，丢手绢（妈妈左手叉腰，右手拿手绢摆动，围着孩子跳），

轻轻地放在小朋友的后边（把手绢放在孩子身后），

大家不要告诉他／她（妈妈摆手，做不告诉的动作），

快点快点抓住他／她（孩子起身和妈妈一起两脚交替跳），

快点快点抓住他／她（孩子起身和妈妈一起两脚交替跳）。

伴着歌声，妈妈可以和孩子配合一起跳。妈妈扮演丢手绢的小朋友，孩子蹲在地上，小手叉在腰上，听着音乐左右摇头，妈妈手里拿一条手绢，和着歌声，围着孩子跳。

跳完一次后，孩子捡起地上的手绢，妈妈蹲在地上，孩子围着妈妈跳，做刚才的动作。

孩子开始可能动作不到位，但是父母要以鼓励的态度对待孩子，让孩子能够喜欢跳舞这种活动，知道舞蹈可以表达思想和情感。

让孩子在音乐中翩翩起舞

舞蹈是人们的肢体语言，是表达自己情绪和思想的一种方法。让3岁孩子在听音乐歌曲时，伴随一些舞蹈，既能加深他们对音乐的理解、宣泄情绪，又能与音乐产生共鸣，培养他们的音乐感知，锻炼他们的舞蹈能力，而且还能锻炼他们的肌肉，发展他们肢体的协调能力，激发他们的创造力。

父母要鼓励孩子用简单的跳舞动作和语言大胆表达自己的感受。具体操作如下：

听歌曲《小燕子》做跳舞动作

父母可以拉着孩子一起做，听到"小燕子，穿花衣……"时，左右摇摆，两只手臂上下柔柔地摆动。

经过一段时间的练习，当孩子动作发展得协调多了，可以让孩子自己根据歌曲做跳舞动作，父母在旁边鼓励："多漂亮的小燕子啊，飞到东来飞到西。"还可以让孩子加一些转圈、边跑边飞的动作。

Part 9

3岁，小顽童活泼好动爱捣蛋

——如何训练孩子体能和行动力

玩具是孩子动作发展的好伙伴

玩具是孩子动作发展的好伙伴，父母如能为3岁孩子选择适当的玩具，则有利于孩子动作的发展。

以下列出不同作用的玩具，供父母购买时参考：

1. 有利于孩子动作协调发展的玩具

如大皮球：通过抛接吹气的塑料球、踢球、拍球等，培养孩子动作的协调性、灵敏性及集中注意力。小童车：父母应选择适合孩子身高的小三轮童车，要求孩子握着车把手，两脚蹬踩向前骑。穿珠子：用较大的空心木珠，让孩子用细绳子串起来，这有助于发展孩子手眼协调一致性。

2. 培养孩子胆量的玩具

父母可常带孩子到儿童游乐场去玩，让孩子骑木马（双手使劲抓住木马把手前后摇动）、荡秋千、乘电动玩具等。

3. 发展孩子平衡能力的玩具

父母可让孩子走花坛边，顶着物件沿着直线走、走平衡木等。

陪孩子练习走路

走路对3岁孩子来说可是一件大事，这是他们运动智慧发展的关键要素。因为孩子能够独立、稳健、快速地走路，不仅说明身体有了进步，更意味着孩子的世界更加开阔了，他们能接触到更多的事物了，对于孩子开阔心胸、发展智慧是一个重要的里程碑。

所以，爸爸妈妈要让孩子勤练走路，并且可以做一些有趣的游戏，让孩子喜欢走路。

游戏范例一：开火车

父母在前，孩子拉着大人的双手或衣服在后，用脚尖碎步走。父母可以在途中不时地报个站名，并且学火车"呜呜——"声，这样会增加孩子的兴趣。

刚学会走路的孩子最爱玩这个游戏了。

游戏范例二：踩影子

太阳下或路灯下会出现影子，父母与孩子出外玩耍时，可以有意地利用这个现象。让孩子踩父母的影子，父母则要尽力躲闪，不要让孩子太容易就踩到。父母也可以跟孩子互换，由孩子躲闪，父母来踩。

这样的游戏每天在出门或回家的路上就可以进行，不用耽误太多时间，也不用准备什么材料。并且，游戏能够锻炼孩子动作的协调性和灵活的应变能力，让他们在其中保持浓厚的兴趣和愉快的情绪。

陪孩子练习跑步

跑，对3岁孩子有很大的好处。可以促进孩子骨骼生长，令肌肉结实，增强腿部力量，使心脏的跳动有力，加强呼吸系统和消化系统的功能等。跑是全身的运动，需要大脑起协调作用，是发展运动智慧的好方式。

游戏范例一：猫捉老鼠

父母准备一只老鼠玩具，或者自己制作一个，由父母牵着老鼠跑，让孩子扮演小猫，来捉老鼠。父母可以根据孩子跑的能力来控制老鼠跑的速度。玩几次之后，可以和孩子互换角色，把老鼠系在孩子身上，父母来追小老鼠。

注意：如果在家里玩这个游戏，要把场地清理干净，不要让一些物体把孩子绊倒，甚至弄伤。

游戏范例二：追皮球

领孩子到公园或者小区内比较平坦开阔的地方，准备一个皮球，活动开始，父母把皮球抛出去，然后让孩子去追皮球，把球捡回来交给父母。看看哪次的速度最快，皮球没有跑远或许就被孩子追回来了。

这个活动可以多次进行。孩子跑得好，父母可以夸奖孩子。增加他们的自信，让他们热爱运动。

锻炼孩子的弹跳能力

孩子2岁之后会跳了，这代表他们的力量、协调性又有了一个提高。跳跃是运动智慧发展中的一个重要因素，因为从跳跃开始，就引发出一系列的动作，运动智慧就又上了一个台阶。

游戏范例一：勇敢的小伞兵

让孩子练习双脚从高处往下跳，培养跳跃的能力和勇敢精神。

第一步：在室内游戏，把被子叠成10厘米左右的高度，让孩子站到上面，然后跳下，因为直接在户外或硬的地上跳有可能会受伤，而且孩子并始可能不敢跳，所以我们先在室内预演，训练孩子的胆量和跳的技巧。

第二步：到户外，找一个有小台阶的地方。父母和孩子一起唱着儿歌，做着开飞机的动作，说到要跳伞时，和孩子一起站到台阶上，然后跳下。可以多做几次，根据孩子的发展情况，增加台阶的高度。

儿歌《勇敢的小伞兵》：

> 我是勇敢的小伞兵，
>
> 坐着飞机上天空，
>
> 一二三，准备好，
>
> 打开伞包飞下来。

游戏范例二：可爱的小白兔

让孩子练习双脚离地蹦跳。和着儿歌，父母和孩子装成小白兔的样子，一起蹦蹦跳跳。

儿歌《小白兔》：

> 小白兔，白又白，
>
> 两只耳朵竖起来，
>
> 爱吃萝卜爱吃菜，
>
> 蹦蹦跳跳真可爱。

锻炼孩子的攀爬能力

人说爱爬的孩子聪明，这其中是有一定道理的。爬可以调动孩子全身的运动，尤其能锻炼孩子的协调能力，并且使孩子的大脑得到很好的运用。3岁的孩子虽然学会了走路、跑跳，但爬对他们来说仍然是一个很重要的活动项目。

游戏范例一：爬高山

父母躺下扮作大山，边说儿歌边让孩子往父母身上爬，爬到"山顶"，然后再爬下来，最后，父母可以抱抱孩子，亲亲孩子，以示鼓励。

让孩子练习爬行、翻越的能力，并增进与父母的感情。

儿歌《爬高山》：

面前一座高高的山，

勇敢的孩子往上攀，

爬到山顶我看一看，

这里的风景不一般。

游戏范例二：看谁爬得快

在室内可以给孩子铺一块较大的活动场地，让孩子练习爬行。父母可以跟孩子比赛，看谁爬得快。

跟孩子说好规则，父母一下令，就一起往目的地爬，谁先到就获胜。父母可以让着孩子，给孩子一些自信，等孩子熟练了，你就发现自己没有小孩子灵活了，爬不过孩子了。

培养孩子钻的能力

对于3岁孩子来说，钻的能力也是发展孩子运动智慧不可缺

少的一环，爸爸妈妈在平时培养孩子的活动中，可不能忘记锻炼孩子钻的能力。

这个游戏可以在室内进行，室内最好有一块专门供孩子爬的场地，父母手脚着地，身体隆起，装作一个山洞，让孩子扮作小火车，从中间钻过去。父母可以边当山洞，边念下面的儿歌，并发出小火车的声音，这样孩子会对游戏更有兴趣。

还可以将几个大纸箱挖洞，摆在一起，做成长长的隧道，让孩子钻进钻出。

儿歌《钻山洞》：

> 小火车，轰隆隆，
>
> 遇见大山钻山洞。
>
> 钻进山洞黑乎乎，
>
> 钻出山洞亮又明。

锻炼孩子手腕的力量

拍手可以锻炼3岁孩子手腕、手臂的力量和灵活性，同时感受节拍节奏，是帮助孩子运动智慧发展的一种非常好的形式。

游戏范例：拍手歌

> 你拍一，我拍一，一个小孩开飞机；

你拍二，我拍二，两个小孩梳小辫；

你拍三，我拍三，三个小孩爬小山；

你拍四，我拍四，四个小孩写大字；

你拍五，我拍五，五个小孩学跳舞；

你拍六，我拍六，六个小孩吃肥肉；

你拍七，我拍七，七个小孩刷油漆；

你拍八，我拍八，八个小孩吹喇叭；

你拍九，我拍九，九个小孩扭一扭；

你拍十，我拍十，十个小孩站得直！

主要让孩子练习，拍自己的手一下，再和爸爸／妈妈的手拍一下，连续这样的动作。孩子可以不念儿歌，主要是练习拍手。父母要耐心地教孩子怎样与别人拍手。开始时，爸爸妈妈都参与，一个人扶着孩子的手和另一个人拍，这样能够让孩子直接感受一下应该怎样做这个游戏，等孩子自己学会之后，就可以不用人扶着了。

培养一个心灵手巧的孩子

手的发展和心智的发展是互相促进的，手在锻炼过程中不仅能促进小肌肉和运动智慧的发展，也能促进人的整体智慧的发

展，也就是我们常说的心灵手巧。

因此，父母应多多创造和利用机会让3岁孩子的手动起来。

1. 小手捏捏

生活中，让孩子小手捏捏的地方很多，只要父母做个有心人，一定能够捕捉到更多的机会。比如，吃饭时，孩子会把饭粒撒在桌上，他们会一粒一粒去捏起来吃，父母可能觉得不卫生，不让孩子捏，但其实这个过程非常能锻炼孩子手指的能力，所以父母尽可能不要阻止孩子这样做，因为他们这是在学习，是在成长。我们要做的就是把桌子清理得干净卫生，方便孩子捏饭粒。

游戏：给孩子准备一些可以捏的东西，比如有弹性的球，带声响的塑料玩具，让孩子捏捏这些小玩意。父母可以引导孩子用五个指头一起捏，或者用大拇指、食指和中指来捏。同时，可以告诉孩子这个动作是"捏"，让孩子能够把动作和语言对应起来。

2. 手指游戏

根据儿歌做游戏，父母把孩子抱在腿上，扶着孩子的双手，帮着孩子伸手指头，和父母一起做动作，反复多次后，让孩子自己表演。

老大找老大，唱首娃哈哈。（两手握拳，露出大拇指点点头，碰一碰。）

老二找老二，做个好伙伴。（两手食指相碰，互相勾住，并自然摆动。）

老三找老三，牵于转圈圈。（两手中指相碰，从左至右画圈。）

老四找老四，画画又写字。（两手无名指相碰，做涂写状。）

老五找老五，一起跳个舞。（两手小指相碰，左右摆动。）

十个手指头，握成叫拳头。（两手交叉握拳。）

锻炼孩子上臂的力量和灵活性

上肢的力量和灵活性的发展，对于3岁孩子来说也是一项重要的内容。因为上臂的发展水平代表着运动智慧的一个方面，发展上臂的能力，就是在加强和发展孩子的运动智慧。

游戏范例：拉大锯扯大锯

3岁的孩子，练习抛物还达不到，可以做这样的游戏来发展他们的上臂力量。

父母和孩子面对面坐好，手拉着手，两人一拉一送，一送一拉，在这个过程中可以边唱下面的儿歌，边游戏。

儿歌《拉大锯，扯大锯》：

拉大锯，扯大锯，

姥姥门前唱大戏。

爸爸去，妈妈去，

就是不让孩子去。

爸爸妈妈我想去，

孩子也爱看大戏，

爸爸妈妈让我去，

孩子听话爱学习！

锻炼孩子的腿部力量

孩子2岁以后，掌握了踢的动作。3岁时他们能一只脚着地，一只脚腾空并发力，这说明他们的平衡能力和协调能力都在发展，父母要做的就是帮助他们更好地练习这个动作，丰富和促进他们运动智慧的发展。

游戏范例：小射手

父母两腿分开站立，装作"球门"，孩子站在父母对面是小射手，把皮球放在脚前。游戏开始，父母说："看看我们的小射手今天能进几个球？开始吧！"孩子踢进了要表扬，踢不进时要鼓励孩子，增强自信心。

玩一会儿后，可以跟孩子互换角色，孩子当球门，父母当射手。

父母根据孩子的不同水平，确定两腿间的距离及与孩子之间的距离。

和孩子一起做扔沙包游戏

相信年轻的爸爸妈妈们回忆快乐的童年时，其中会有一些是跟沙包有关的。这种古老而有趣的游戏对发展孩子的上臂力量和手眼协调能力有很大的作用。

爸爸妈妈不妨也做几个沙包，跟孩子一起游戏，培养孩子的运动智慧，也拾起自己童年闪光的记忆。

准备几个沙包和一个篮子，父母和孩子相隔1~3米（根据孩子的年龄和投掷的水平而定），面对面站立，孩子把手中的沙包扔到父母手持的篮子里。

因为孩子扔得不是很准，父母可以移动着接孩子扔出的沙包。接住了，就夸赞孩子扔得好，让孩子有成就感，继续扔。

等孩子扔得比较准的时候，父母可以不动，让孩子自己扔，这样可以锻炼孩子的手眼协调能力。

孩子走花坛边好处多

孩子从独自站立到行走，到稳稳当当地走路、跑步等，是他自身平衡动作的一个发展过程。为了帮助3岁孩子提高平衡能力，父母不妨让孩子走花坛边，进行平衡功能的训练，这不仅省力、省钱、方便，而且孩子喜欢走、乐意走、百走不厌，其好处是多方面的。

首先，让孩子沿着花坛边走，可以纠正孩子不良的走路姿势。

如"内八字"步或"外八字"步，同时有利于足弓的形成，韧带肌肉的发育，增加腿部力量。

其次，可以使孩子掌握其平衡力。

如：走时如何使自己身体不倒，怎样走才能走得远并且不跌下来。开始时父母可以拉着孩子的手走，并教他脚跟对着脚尖，一步一步向前走。一段时间后，可试着让孩子走几步，并注意保护，最后让孩子自己独立行走。刚开始可以两手侧平举走，便于孩子掌握重心，待熟练后可让其拿着东西走，采用游戏的形式进行，如"过小桥""造房子"……父母和孩子一起走，使孩子觉得有趣，很乐意走，无意之中促进其平衡功能的发展。

再次，父母还可以利用花坛边，让孩子练习"往下跳"的动作，使其从高处跳下来而不跌倒。

对于3岁的孩子，这一动作看似容易，做起来却难，需要高度的调整能力和技术。孩子喜欢登高，也喜欢从上面往下跳，开始容易摔跤，父母要注意保护，经过一次又一次的失败，孩子就能慢慢掌握不跌倒的方法，直至稳稳当当地跳下来。掌握跳下后自身平衡的技能，为以后参加各类体育活动打下基础。

总之，父母应利用生活中的点点滴滴，对孩子进行动作的训练。走花坛边就是其中的一个例子，它便于孩子脑的平衡功能的发展和大动作的发展。

锻炼孩子的身体协调能力

孩子到3岁时，能自己独立行走，并走出了不同的花样，如侧身走、倒着走、爬楼梯等，这些都是他们在探索自己身体的能力，在这个过程中他们的运动智慧也会得到发展。

父母要做的就是为他们创造更多好玩的游戏，帮助他们练习自己的"舞步"，提高身体的协调能力。

游戏范例一：送娃娃

父母准备一个大的方形纱巾和一个玩具娃娃。告诉孩子，现

在娃娃找不到家了，我们送她回家吧。然后，将纱巾展开，父母握住纱巾两角，孩子握住纱巾两角，把娃娃放在纱巾上，父母和孩子抬着，把娃娃送回家（给娃娃做个家）。

可以做几种行走方式：1. 侧着走；2. 倒着走。可以先是父母在前，示范怎样倒着走，然后孩子倒着走。

可以做几种行走路线：1. 直线行走；2. 蛇形行走；3. "之"字形行走。

游戏范例二：模仿小动物走路

让孩子模仿各种小动物的特点练习走路，增加他们走路的乐趣，激发他们的兴趣。可以念着下面的儿歌进行。

儿歌《走路》：

小青蛙走路，蹦蹦跳；

小鸭子走路，摇摇摆；

小乌龟走路，慢吞吞；

小花猫走路，静悄悄。

Part 10

3岁，"小大人"初长成

——如何奠定孩子个性的纯正根基

培养孩子的责任心

责任心是一个人立足社会、获得事业成功至关重要的人格品质。现在许多父母过多地注意孩子的智力和身体的发展，对孩子责任心的培养却不大重视，这对孩子的成长、成才很不利。

所谓责任心，是指个人对自己和他人、对家庭和集体、对国家和社会所负责任的认识、情感和信念，以及与之相应的遵守规范和履行义务的自觉态度。

责任心是孩子健全人格的基础，是能力发展的催化剂。在大力提倡素质教育的今天，父母应用自己的爱心、耐心和智慧去培养孩子的责任心。

拥有丰富人生阅历的父母更清楚那些成就辉煌的人往往具有很强的责任意识，所以更有能力拥有美好的人生、幸福的家庭以及成功的事业。父母要从生活点滴中培养孩子的责任意识：

1. 让孩子答应别人的事情一定要做到。

2. 引导孩子敢于承认错误。

3. 还可以分配给孩子一些家务劳动。如，可以让孩子收拾自己的玩具，做自己能够胜任的工作。通过家务劳动可以发展孩子的家庭责任意识，培养孩子的社会责任意识，如爱护环境、保护小动物、爱护公物等。这些都是孩子作为社会个体所应当具备的社会意识。

责任心是促使孩子向上奋进的内部动力，是孩子获得成功的催化剂，培养责任心是孩子成长的必修课。在生活中坚持从小对孩子责任意识的培养，需要父母们相信孩子的能力，给予孩子承担责任、体现自我的机会。

培养孩子的爱心

从古至今，爱心都被认为是一个人的基本道德和社会的灵魂。孔子说"仁者爱人"孟子讲"王道"，都是以爱为核心的。爱心的产生，是基于个体的社会性情感需要，它不是人与生俱来的品质，而是在后天的环境和教育的熏陶下逐渐形成的习惯性心理倾向，必须在幼儿时细心培养。

3岁孩子的童心是很柔软的，稍不注意就会被岁月磨得粗糙而坚硬，父母要对孩子晓之以理，动之以情，从小事上不失时机地培养和保护孩子善良的心。正如苏霍姆林斯基所说的："只有当孩子不是从理智上，而是从内心里体会到别人的痛苦时，我们才能心安理得地说我们在他们身上培养出了最重要的品质，那就是人们的爱。"

父母可以通过各种教育手段激发儿童产生积极的心理，使他们从小就能对符合社会道德的助人帮困行为产生愉快自豪并向往的情绪体验。

1. 移情训练

爱心的培养需要进行移情训练，即让孩子把自己痛苦时的感受与别人在同样情境下的体验加以对比，体会别人的心情。这样可以让孩子学会理解别人，体谅别人。

当看到其他小朋友摔倒时，父母可以启发自己的孩子说："如果是你摔倒了，是不是感觉很疼？小弟弟一定也摔疼了，我们快去扶起他。"这样，孩子的爱心不知不觉就培养起来了。

父母也可以孩子谈谈残疾以及残疾人，可以帮助孩子多从他人的角度看问题，对处于痛苦状态的人产生同情，进而培养他的爱心。

2. 养宠物

可以给孩子养一只小动物，比如小猫、小狗、小鸟，小鱼之类。让孩子每天能够按时给小宠物喂食，定期帮它们洗澡，每天看看小宠物有什么新变化，是不是在不断长大。而且跟小宠物还可以玩一些游戏，比如赛跑、蹦跳等。最为重要的是让他们学着照顾小动物，为小动物着想，培养孩子的爱心和责任感。

对于一个孩子的个性发展而言，没有什么能比爱和善良更重要的了，这是孩子将来亲和社会的基础和前提。孩子的爱心是通过自然而然的模仿、潜移默化的渗透而逐渐形成的，是一个从外在到内在、从量变到质变的发展过程。在这一发展过程中，家庭是最重要的爱心培育基地，父母是最直接的爱心传播者。因此，孩子有没有爱心，关键在于父母的引导和培养。

引导孩子学会尊重别人

所谓"己所不欲，勿施于人"，自己想得到别人的尊重，就必然要尊重别人，从别人的角度思考问题。这是3岁孩子个性品质发展的一个重大进展，说明他们能够换位思考了。

让孩子在与人交往中学会尊重他人。爸爸妈妈平时要注意多提醒孩子：

见到熟人要主动问好。

跟人说话时要看着别人的眼睛。

在别人说话时，要学着倾听，不要随便打断别人说话。

在请求别人帮忙时，会说"请""谢谢"。

做错事要能认错，会说"对不起"。

能渐渐学会和小朋友分享玩具、食物。

尊重小朋友的意见，尤其是与自己不同的意见。

渐渐能够体会别人的情绪，而不是只考虑自己，父母可以引导孩子换位思考。

尊重别人可不是纸上谈兵，需要到实践中练习，爸爸妈妈要引导孩子在真正的交往活动中学会尊重别人。

在游戏中让孩子学会分享

分享是孩子个性品质中的一个重要组成部分。

一般来说3岁的孩子还不能做到分享，父母需要制造一些游戏，让孩子在游戏中逐渐培养分享的良好品质。

玩球

父母带孩子出去玩球，先让孩子一个人玩，看看能怎么玩，如，拍球、踢球等。

然后引导孩子试试两个人玩球会不会好玩一点，找一个年龄与孩子相仿或比孩子稍大的孩子，两个人一起玩。可以拍球比赛，可以互相抛接球、滚球、踢球等。

这样体验后，问问孩子一个人玩好玩，还是与小朋友一起玩好玩。相信答案是后者。

在这个游戏中，为了配合对方，孩子得注意对方的动作并作出反应，从中体会到跟他人玩耍的乐趣，体会到他人对自己的意义，这是学着分享的第一步，是建立平等互惠关系的基础。

这个游戏可以加入更多的小朋友，大家玩传球游戏，人多可以提高孩子的兴奋度。

训练孩子的竞争意识

缺乏竞争意识的人，既不能适应多变的社会，更难以取得事业的成功。让3岁孩子形成正确的竞争意识，懂得欣赏自我、表现自我，是培养孩子竞争意识的重要步骤。

在家庭中父母可以开动脑筋，培养孩子的竞争意识，例如：

睡觉的时候，可以和孩子比赛，看谁睡得最快，谁的衣服放得更整齐。

卫生大扫除的时候可以和孩子比赛，看谁的衣柜更整洁，在这些日常生活细节中，孩子在成功中体会竞争带给他们的胜利感，当人生真正的竞争来临的时候能够相信自己，勇敢地追求成功！

游戏范例：开心词典

准备一本常识词典。一家人围成一圈坐好，由爸爸妈妈和孩子轮流担任主持人兼裁判，进行一个小小的家庭竞赛。

问题包括生活小常识如：苹果里面的营养包括什么；洗手的

正确方法；家庭成员的基本情况，如爸爸的生日，奶奶的生日；孩子学习的内容，如5以内的加减法等。

这样既让孩子获得了一些知识，也加深了家人彼此关注的情感。

注意问题的合理性，对于孩子所不了解的知识要解释清楚，让孩子感到公平。

鼓励孩子勇于自我批评

3岁的孩子的思想是以"自我"为中心的，常常认为自己就是对的，让这个阶段的孩子自我批评有一定的难度，父母可以不断启示孩子，让他懂得自我批评是一种好的谦虚品格和行为。

自我批评的前提是让孩子意识到自己的某些行为是不受欢迎的：如说脏话、轻视别的小朋友、不遵守规则等等。父母应当向孩子传递一些信息：让孩子知道做错事是应该感到惭愧的。

当孩子犯了错的时候，父母提出"我希望孩子可以向妈妈道歉"，在孩子道歉后，父母不要再去责怪。

当孩子在幼儿园受到老师的批评，父母可以借助老师为中介，让孩子道歉，之后夸奖孩子是个知错就改的好孩子。

孩子的自我批评发展得比较晚，这和孩子身心发展的阶段相关，父母不必太着急，只要在生活中注意对孩子坚持原则的教育，就可以逐渐地培养孩子学会自我批评。

父母要在生活中引导孩子觉察到自己思想、行为的不足，从而让孩子在自我批评与自我认识中获得个性的成长、智慧的增长。

告诉孩子：你真棒！

自信是获得成功的重要因素，有自信的孩子走向社会后，要比同龄人更容易获得成功。3岁的孩子都有恐惧、羞怯的心理，父母要注意在平时逐步矫正孩子的这些心理，让孩子培养成自信的好习惯。

父母首先应了解孩子感兴趣或擅长的活动，寻找孩子的成功之处，通过局部的成功逐步建立孩子的自信。

如孩子喜欢拼图，父母就可以多给孩子买不同难度的拼图玩具，使孩子不断体验到拼图的乐趣与成功的喜悦。随着活动的增加，孩子对自己的自信也会逐渐累积，同时对孩子的表扬要增加。当孩子取得某一项成功的时候，父母要给整体性的表扬和人格上的表扬。如：孩子画的画贴在了幼儿园："宝贝真棒！""你真是个聪明的孩子，许多的事情只要用心去做，都是可以成功的！"

这样使孩子感觉到"自己不光在这件事情上做得好，自己还是个能干的孩子"，在这样的情绪激励下，可以为孩子布置一个弱项活动，逐步在其他方面培养孩子的自信。

生活中，孩子会帮父母搬小凳子，会帮你摆好筷子，不要忘记去赞美孩子，"宝贝好能干""谢谢宝贝！"称赞孩子，会使孩子自信地去做事情，而且会为了你的称赞做得更好。孩子会认为自己是一个和大人一样能干的人，这样长大的孩子是乐观向上、充满自信的。

教孩子养成专心做事的品质

对于3岁孩子来说，让他们专心做一件事情是有些难的，但是这种好的学习品质要早早培养。父母可以通过听故事、唱儿歌等方式，让孩子对专心有一个了解。

故事范例：小猫钓鱼

猫妈妈有两个小孩子，一个叫小黑，一个叫小花。一天，猫妈妈领他们去钓鱼，来到小河边，猫妈妈说，"钓鱼一定要专心，要不可是钓不到鱼哦！"两只小猫都说知道了。

一会儿，飞来一只蝴蝶，蝴蝶有一对美丽的翅膀，经过小花身边时，还停了一下，小花一看，立即放下渔杆，去捉蝴蝶了，一会儿蝴蝶飞跑了，他没捉到，灰溜溜地回来了。这时，小黑钓到了第一条鱼，猫妈妈夸奖了他。这可羡慕坏了小花，他急忙坐到自己的位置上，重新开始钓鱼，他下决心一定要专心钓鱼。

一会儿，又飞来一只蜻蜓，小花立刻又忘记了自己的"誓言"，又去捉蜻蜓了。蜻蜓飞走了，小花又没捉到。回来一看，小黑已经钓到两条鱼了。小花感到难过极了。

父母可以引导孩子分析一下，为什么小花钓不到鱼？哪只小猫专心？孩子应该向谁学习？等等。

玩具哪里来，哪里去

孩子3岁时，就可以让他学着整理自己的玩具了。一般孩子在玩玩具时，会把玩具弄得到处都是，他们不收拾玩具，就不能养成对自己物品分类归放的好习惯，也不会知道收拾玩具的辛苦，不会懂得心疼爸爸妈妈。

爸爸妈妈可以跟孩子玩个看谁放得快的游戏，每个人分一些玩具，然后围着玩具唱歌，歌声一停，就马上向玩具箱冲去，把玩具放进去。谁最先放完自己的玩具谁就获胜。

通过玩游戏，孩子不会把放玩具看成负担，而是能养成收放玩具的好习惯。

教孩子养成有始有终的习惯

3岁的孩子缺少耐心，父母让他们去做一件事时，他们很少能耐得住性子。遇上困难或长时间的事情，就会产生"我做不到，我坚持不了"的想法，很容易就想放弃，从而养成做事有始无终的不良习惯。

有人说，坚持是人的天性。其实，坚持指的是面对困难的持续力，与性格上的固执并不相同，是后天可以培养的。固执的小朋友不代表就一定能勇于解决问题、坚持做对的事。从小就培养孩子的持之以恒的习惯，孩子才不会因为遇到小小的挫折就放弃，而会面对挑战不退缩，努力找出解决的办法。

父母怎样才能让孩子养成有始有终的好习惯呢？可从以下几方面着手。

1. 对坚持度低的孩子，要给予鼓励，而不是数落孩子

比如不要说这样的话："你怎么这么没志气，还没做就说不行？""你真是很没用的孩子！""连这点小事都做不好，长大后怎么得了？"

2. 可以把事情拆开来，一个步骤一个步骤地要求孩子做到

孩子每天完成大人要求的一个步骤，而大人不要过度要求

过程中的完美，只要孩子能每天依约定完成事情，就给予口头肯定。等全部完成后，再鼓励孩子，已经能够学会坚持了。

3. 适当的鼓励和奖赏，是坚持的动力

大人可以给孩子备忘录贴纸，并在每一张贴纸上写出一件希望孩子完成的事情，贴在孩子的床前。提醒孩子完成一张贴纸的事情就可以拿来换想要吃的点心。每次孩子换奖品时，要不断地鼓励他、称赞他继续完成其他贴纸上的事情。

4. 提高孩子注意力的最佳途径是经常读书给孩子听

准备几个与尝试、坚持、努力有关的故事，经常说给孩子听，让孩子建立可以模仿的偶像。向孩子灌输"放弃一切，就绝对没有希望"的观念，并引导孩子勇于面对问题和挑战。每天大人都安排一段固定的读故事时间，尝试使之成为一种习惯。大人必须逐步教导、培养孩子聆听，最开始不妨从一页只有几行字的绘本开始，再逐步使用文字较多、图画较少的童书，逐步发展到有章节的故事书和小说。

在孩子心灵种下诚实的种子

众所周知，父母对孩子过于溺爱或过于严厉，孩子都会觉得自己没必要讲真话，于是他们喜欢用谎言掩盖事实，或是用谎言

"欺骗"父母以满足自己的愿望。尽管孩子的谎言有时候是善意的，但在孩子第一次撒谎时，父母绝不可以掉以轻心，要从心理上重视这个问题。

3岁孩子已朦朦胧胧产生了说谎的念头。孩子说谎的原因也非常简单，就是孩子思考问题永远都是以自我为中心的，他们并不在乎外界对自己会有什么影响。

一开始，孩子的说谎态度会带给孩子一些好处，他们可以轻易地"欺骗"父母，获得自己想要的。可是这种谎言多了，便让孩子日后无法从容应对生活中的起起落落，一旦他们遇到恐惧、挫折等困难时，会选择说谎这种"捷径"来逃避麻烦，而这会成为他们建立自信以及自我尊重的潜在障碍。更严重的是，每一次"诡计"的得逞都会对孩子的道德观念腐蚀一点，这对他们成长为正直、善良的人极为不利，因此绝对不能姑息纵容。

教育专家认为，儿童并非天生就会耍心眼、玩手腕、说谎话，而这些看起来"实用"的说谎手段有时出于迫不得已，所以大人在孩子面前一定要会引导。

1. 对孩子进行引导，灌输诚实的品德观念

大部分幼儿都喜欢听故事，父母就要有针对性地找一些有关诚实的故事讲给他们听，并在结束时附带性地说明一下诚实的好处以及说谎话的坏处，在孩子的幼小心灵里就种下说谎是不对的种子。

2. 对孩子进行观察和分析，强化幼儿诚实的品质

发现孩子说谎后，父母要观察孩子的言行，冷静地帮孩子分析是什么原因，然后根据原因找到纠正的方法。如果孩子诚实地和大人们说心里话，那么大人就要表扬他，叫他继续发扬这种品质。

3. 让孩子明白说谎话的危害，引导孩子改正说谎的习惯

让孩子知道不诚实无所遁形，自觉说实话，才可以得到人们的信任。即使孩子说了谎话，也要教育并鼓励孩子勇敢地承认自己的不诚实，让孩子明白，改了就是好孩子。

4. 父母平时应多关心子女，使孩子感觉到大人很在乎他们

父母和孩子要保持一种自由互动的状态，这样孩子会感觉到有自由空间，并可以感受到大人的关爱。

教孩子养成勤俭节约的美德

近几年来，随着商品经济的发展，物质生活的丰富，人们的生活水平普遍有所提高。同时，在社会上拜金主义、享乐主义、超前消费之风兴起，奢侈浪费之风盛行。在家庭生活上，有的父母对子女娇生惯养，对于孩子的物质需求有求必应；有的父母对子女"全包全替"地周到服务，使子女缺乏劳动锻炼，导致生活

自理能力很差。在这样的"大气候"和"小气候"的影响下，无形中给幼儿的心灵播下了奢侈浪费的种子。

如孩子从小不养成勤俭节约的习惯，将来危害社会不说，还会害父母、害自己。3岁是孩子习惯品质养成的重要时期，父母要从各方面让自己的孩子养成勤俭节约、珍惜财物的习惯，为孩子将来独立生活和正确使用钱财打下良好的基础。

1. 让孩子自觉认识勤俭节约是一种美德

利用各种机会，向孩子讲述勤俭节约是一种美德，讲述家庭勤俭节约的家史，让孩子从小就受到启发和教育。

2. 让孩子真正地认识到勤俭节约的意义

要使孩子懂得，今天的好生活、好日子是来之不易的。教育孩子懂得节约一分钱、一粒粮食、一度电、一滴水的作用。一滴水不算多，一滴一滴汇成河；一粒米不算多，一粒一粒堆成垛。

3. 从小事着手，严格要求

在家里，父母应做好培养孩子勤俭节约的习惯，从小事做起，从眼前做起。比如，告诉孩子吃饭时不要随意将饭粒倒在桌上，帮助孩子用易拉罐做个花篮，将旧凉鞋剪成拖鞋等等。

4. 要指导孩子正确用零花钱

给孩子零花钱要有计划，要限制数额，不要有求必应。不要让孩子乱花钱，该给的钱父母给，不该给的钱不给，即使孩子自己的压岁钱也不能让其乱花。

5. 父母要做孩子的榜样，以实际行动感染孩子

父母要以身作则，做出榜样，与孩子一起来养成节约的好习惯，勤俭治家。只有在勤俭节约的家庭环境熏陶下，才能培养孩子节约的好习惯。

时代在变，消费观念也在变，但过度浪费永远是不好的。要把孩子培养成有志向、有追求、有出息的人，勤俭节约的教育是不可或缺的，这是父母送给孩子的永久财富。

教孩子爱护自然的一草一木

培养孩子的自然智慧，不仅要让孩子观察、了解和认识自然，更应该帮助他们学会保护大自然，热爱大自然的一草一木。因此，父母们可以利用日常生活中的点滴小事，帮助孩子养成爱护大自然、保护环境的良好习惯。

3岁的小孩子爱玩水，父母可以帮助他们在玩水的过程中，培养节约用水、爱护水资源的良好品德。比如，当小孩子玩水或洗澡的时候，父母可以对孩子说："小孩子乖，不把水浪费掉。""如果水都弄没了，小孩子就没水喝了。"水够用时候，请小孩子和妈妈一起，把水龙头关掉，等等。

当孩子在公园乱扔垃圾，或者看到别人乱扔垃圾的时候，父

母要及时朝孩子摇头，或者说"不行"，并且给孩子做出榜样示范，把垃圾捡起来，扔到垃圾箱里。

　　孩子的小脚踩到草坪或者要伸手去摘漂亮的小花时，父母要及时拉住孩子的手，告诉孩子"不行"或者父母可以假装做出很痛苦、很疼的样子，对孩子说："不要踩它哦，它会很疼的！"除了利用日常生活事件，父母还可以利用一些小游戏，让孩子在玩的过程中，学会照顾和保护各种动植物，发展初步的环保意识。

游戏范例一：小熊、小熊，你别哭

　　给孩子一只小熊的毛茸玩具，然后告诉小孩子："小熊被人打了，好疼啊，你瞧，它都哭了，快帮它揉揉吧！"父母一边说，一边给孩子示范，做揉揉的动作，然后请小孩子模仿妈妈的动作，让小孩子学会关心照顾小动物。

游戏范例二：我是保护小动物的小英雄

　　为孩子准备一些小动物的模型玩具，比如北极熊、大熊猫、大老虎等动物玩具。然后父母扮演猎人，准备去打这些可怜的小动物。

　　父母可以对孩子说："猎人要来了，孩子快去救救它们喽！"说完，让孩子赶快爬到小动物们的身边，然后抱起小动物，把小动物们救出来。

言传身教，做孩子的引路人

生活中，父母的言语、行为、姿态、态度、表现会自然而然地传递给孩子，从而影响孩子的能力与性格的形成。父母日常的所作所为，就是对孩子的身教。

3岁孩子会经常模仿大人的行为，在教育孩子、培养孩子个性品格的时候，父母的一言一行都会影响到孩子对自己、对他人、对生活的认识和评价。

父母要以良好的个性、情操去感染孩子，而对自己不良的性格要善于控制和纠正。

如果父母动不动就发脾气，那么孩子的性格就会变得急躁、易怒；如果父母在孩子的面前表现得胆小怯懦，不敢承担责任，那么孩子就不易形成坚强的性格。

父母有的时候会失态，说了不应该说的话，应该郑重地对孩子说"对不起"，并且说明这样不仅会伤害别人也会让自己的情绪变坏。

家庭成员之间有冲突的时候，要常常考虑自己的不足，而不是当着孩子面互相攻击。

父母是孩子的第一任老师，也是孩子最亲近的人，父母的性

格特质将影响孩子品性的养成。父母的所作所为容易被孩子认为是合理的，并且，孩子知识经验贫乏，辨别是非能力差，对父母的言行会不加选择地模仿。因此，父母要求孩子做到的，自己必须要以身作则，为孩子树立良好的榜样，做孩子眼中的表率和人生的引路人。

为孩子营造温暖的成长环境

家庭是孩子成长的重要环境。良好的家庭环境，父母与孩子之间建立安全积极的依恋关系，父母对孩子的教养和方式都比较民主、开放，那么生活在其中的孩子就比较容易养成乐观、开朗、自信以及能够与人和谐交往的个性品质。

而如果家庭氛围不和谐，父母之间经常吵架，父母对孩子的要求和态度不一致，那么极容易使孩子情绪低落、常常会感到缺乏信任与安全感以及性格发展内向、缺乏自信等，这些都不利于幼小儿童交往智慧的培养。

因此，日常生活中，父母应积极为3岁孩子营造安全、温暖的家庭环境，以培养孩子养成乐观、积极的性格品质，发展与人交往的良好的社会技能：

1. 多对孩子表示出笑脸。

2. 可以利用一些玩具、亲子游戏、儿歌、适合孩子听的音乐以及户外活动，培养孩子和父母之间的感情。

3. 父母尽量不在孩子面前吵架。

需要注意的是，父母对孩子的态度和要求要尽量保持一致。

后记
3岁，慢养给孩子一个好未来

孩子3岁了，看着孩子一天天在长大，做父母的您，一方面抑制不住内心的喜悦，一方面内心又不免闪现一丝的焦虑：孩子能否朝着自己预期的理想方向发展，长成自己所期望的模样呢？

您的心情体现了天下每一个父母"望子成龙，望女成凤"的心愿。而孩子的成长是有过程的，教育孩子不能一蹴而就。3岁孩子在许多方面发展得还不够成熟，比如情绪控制能力还很弱，思维发展水平也还不高，行事方面还很幼稚。这就需要父母正视并了解幼儿这个时期的发展特点，去倾听孩子的心声，读懂的孩子的心理，才能走进孩子的心灵。

不少父母过于关注孩子早期教育的结果，而忽略了教育的过程，对孩子很挑剔，要求也很高，结果，孩子产生逆反、压抑和怨恨心理，甚至自暴自弃。因为父母施压过大而半途而废的天才孩子不在少数。正确的教育方法对于孩子的成长是多么重要！如果采取了错误的教育方法，不用说是个天赋一般的孩子了，即便孩子天赋异禀，也会在这样的环境中被扼杀的。

身为父母，只有把握好3岁这一关键期，按照孩子自身的生长发育特点，掌握好教育的节奏和步伐，让孩子在一个宽松、愉快、安全、温暖的环境中成长，才能发挥出孩子的潜能，让孩子健康成长。

长大不容易，成长有过程。面对孩子，你需要的是耐心，耐心，再耐心！

衷心希望，您看到的不只是一本亲子教育书，也是一本可以增进父母自我觉察的书。

3岁，慢养给孩子一个好未来。